Wandern am Gardasee

Dietrich Höllhuber
Wolfgang Kaul

Inhalt

Wandern am Gardasee	**6**
Almen	**8**
Anemone baldensis & Co	**10**
Der Sentiero della Pace	**12**
Felszeichnungen	**14**

Tour 1 — Der Aussichtsklassiker – Von Ville del Monte auf den Monte Misone
(6 Std., mittelschwer) **16**

Tour 2 — Der Trentiner Friedensweg – Von der Malga Pranzo zum Rifugio Pernici und auf den Tofino
(6 Std., mittelschwer) **19**

Tour 3 — Bauernland und kühler Badesee – Vom Passo Ballino über den Lago di Tenno nach Tenno und Varone
(3 Std., einfach) **22**

Tour 4 — Eisensteige und einsame Wege – Aus dem Sarcatal über die »Scaloni« auf den Monte Biaìna und hinunter nach Arco
(6.30 Std., anspruchsvoll) **27**

Tour 5 — Almwiesen und Beerenklau – Von Santa Barbara auf den Monte Stivo
(4.30 Std., einfach) **32**

Tour 6 — Bergsturz und Riesenkochtöpfe – Die Bergsturzzone Daine und die Gletschermühlen Marmitte dei Giganti zwischen Tòrbole und Nago
(4 Std., mittelschwer) **35**

| Tour 7 | Auf den ›Höchsten Berg‹ – Vom Monte Varagna oberhalb Nago und Tòrbole auf den Monte Altissimo (5 Std., mittelschwer) | **39** |

| Tour 8 | Das 360-Grad-Panorama – Von der Bergstation der Seilbahn an der Bocca Tratto Spin auf den Monte Altissimo (5 Std., einfach) | **43** |

| Tour 9 | Geschütztes Blumenparadies – Von San Valentino durch das Naturschutzgebiet Corna Piana zum Rifugio Graziani (3 Std., mittelschwer) | **48** |

| Tour 10 | Grenzgänge – Von der Bergstation der Seilbahn an der Bocca Tratto Spin zur Cima Valdritta mit Abstieg über Piombi zur Mittelstation (6.30 Std., anspruchsvoll) | **52** |

| Tour 11 | Panoramaweg über dem See – Überschreitung des Monte Baldo-Kammes zwischen Bocca Tratto Spin und Costabella (5.30 Std., anspruchsvoll) | **57** |

| Tour 12 | Zur Zweisiedelei – Von Cassone zur Einsiedelei SS. Benigno e Caro und zur Malga Fiabio (4 Std., mittelschwer) | **62** |

| Tour 13 | Maggenghi mit Panorama – Von Assenza auf die Mähwiesen Zovel und Brione (5.30 Std., mittelschwer) | **66** |

| Tour 14 | Das vergessene Dorf – Von Castelletto über Campo nach Cassone (3 Std., einfach) | **70** |

| Tour 15 | Kastanien und Schlittenwege – Von Pai nach La Ca', Le Ca' und Castelletto (4.30 Std., mittelschwer) | **75** |

| Tour 16 | Zistrosen und Graffiti – Von Torri del Benaco über Fornare nach Crero und zurück über Coi (3 Std., einfach) | **78** |

| Tour 17 | Villen und Steineichen – Von Garda zur Punta San Vigilio , auf den Monte Brè und nach Torri del Benaco (4 Std., einfach) | **82** |

Tour 18	Die Südflanke des Monte Baldo – Von Pralongo zum Monte Sparavero und zum Nàole-Kamm (4 Std., einfach)	87
Tour 19	Naturlehrpfad im Latschenkar – Von der Malga Valvaccara auf die Punta Telègrafo (4.30 Std., mittelschwer)	91
Tour 20	Petergstamm unter'm Telegrafen– Vom Rifugio Novezzina auf die Punta Telègrafo und zum Passo Campione (5 Std., mittelschwer)	95
Tour 21	Die große Almwiesenwanderung – Der »Giro delle Malghe« um die Kirche Madonna della Neve östlich des Baldo-Kammes (6.30 Std., mittelschwer)	98
Tour 22	Über der Bucht von Salò – Rundwanderung von Salò über Madonna del Rio und Bagnolo nach San Barolomeo (4 Std., einfach)	103
Tour 23	Gumpen und Dolomitfelsen – Von Colomber durch das Val di Sur auf den Monte Spino (6.30 Std., mittelschwer)	107
Tour 24	Diebesweg zum Monte Pizzòcolo – von Maerni durch das Valle di Campiglio und auf dem Sentiero dei Ladroni zum Monte Pizzòcolo (6 Std., mittelschwer)	111
Tour 25	Öl, Wein und Industriearchäologie – Von Fasano nach Sanico und durch das Valle delle Cartiere nach Toscolano-Maderno (3.30 Std., einfach)	115
Tour 26	Lilien auf dem Kastellberg – Von Fornico oberhalb Bogliaco auf den Monte Castello di Gaino (3.15 Std., mittelschwer)	119
Tour 27	Grüner Aussichtsberg – Von Sasso zur Einsiedelei San Valentino, auf die Cima Comèr und den Monte Denervo (5 Std., mittelschwer)	122

Tour 28	Wald- und Wiesenidylle – Von Olzano zum Passo d'Ere (4.30 Std., einfach)	**126**
Tour 29	Im senkrechten Fels – Von Campione zum Monte Castello und über die Orte Olzano und Aèr zum Prato della Fame (3.30 Std., mittelschwer)	**130**
Tour 30	Das Tal der Kriegsstraßen – Durch das Valle Tignalga auf den Monte Pùria (5.30 Std., mittelschwer)	**135**
Tour 31	Schwarzes Horn und Wasserspaß – Vom Val di Bondo auf den Travèrsole-Kamm (5.30 Std., mittelschwer)	**138**
Tour 32	Wasserfallweg zur einsamen Alm – Von Limone nach Dalco (4.30 Std., anspruchsvoll)	**142**
Tour 33	Aussichtskanzel über Limone – Von Limone über die Cima Mughera auf den Monte Carone (7.30 Std., anspruchsvoll)	**147**
Tour 34	Im Reich der raren Alpenblumen – Von Magasa auf die Cima Tombea und den Monte Caplone (7.30 Std., anspruchsvoll)	**151**
Tour 35	Rund um den Tremalzo – Vom Valle delle Noci zum Passo di Tremalzo, zum Passo Nota und zur Bocchetta di Nansesa (11 Std., anspruchsvoll)	**156**

Kleiner Sprachführer	**161**
Register	**162**
Abbildungsnachweis	**168**

Wandern am Gardasee

Wandersaison

Die beste Wanderzeit für den Gardasee hängt von der Höhenlage der Wanderung ab. Gipfelregionen sind meist nur von Mitte Juni bis November schneefrei. In Seenähe wandert man am besten nur während der kühleren Jahreszeiten, schneefreie Winter eingeschlossen. Die Touren in mittleren Lagen, also im Bereich der Heuwiesen und Almen, sind zwischen Mai und Oktober am schönsten. Reine Südanstiege sollte man im Hochsommer wegen der extremen Hitze meiden.

Gehzeiten

Bitte beachten Sie: Alle in diesem Wanderführer angegebenen Zeiten sind reine Gehzeiten. Rechnen Sie bei der Planung einer Tour sicherheitshalber noch etwa ein Fünftel bis ein Viertel der Zeit hinzu, um Pausen für Rast, Fotografieren, Abstecher oder schlimmstenfalls ein Verlaufen zu berücksichtigen. Auch ein Gewitter oder ein abgerutschtes Wegstück können die Dauer einer Wanderung erheblich verlängern.

Anspruch

In der Rubrik »Die Wanderung in Kürze« wird jeweils darauf hingewiesen, ob es sich bei der Wanderung um eine einfache (+), eine mittelschwere (++) oder eine anspruchsvolle (+++) Tour handelt.

Wege und Markierungen

Die Wanderwege am Gardasee sind oft nicht sehr gut markiert, unterschiedliche Markierungssysteme überlagern einander, systematische Erhaltungsarbeit ist eher die Ausnahme. Wegen privater Bautätigkeit werden immer wieder Wanderwege verlegt, ein Durchgangsrecht durch Privatbesitz gibt es nicht.

Ausrüstung

Feste, knöchelhohe Wanderschuhe sind für alle Touren unerlässlich. Teleskopstöcke (zusammensteckbar) sind beim Abstieg nützlich, da sie die Gelenke entlasten. Regen- und Sonnenschutz sollten immer dabei sein. Einige Touren bieten keine Einkehrmöglichkeit, der Rucksack sollte dann neben dem unentbehrlichen Wasservorrat auch etwas Proviant enthalten.

Wanderkarten

Die den Bereich der Wanderungen abdeckenden beiden Kompass-Karten »Lago di Garda – Monte Baldo (Blatt 102)« und »Alpe di Ledro – Valle Giudicarie (Blatt 71)« sind nicht immer ganz zuverlässig. Zu empfehlen sind die im örtlichen Buchhandel erhältlichen Karten, und zwar für den Ostteil die »Carta dei sentieri Monte Baldo« (2 Blätter, Maßstab 1:25 000). In den Touristenämtern der Trentiner Gemeinden werden brauchbare örtliche Wanderkarten angeboten.

Bergwetterdienst

Italienisch: ☎ 04 99 92 54 09 (Westufer), ☎ 01 67 83 70 77 (Ostufer)

Notruf

Europäische Notrufnummer: 113. Sie ist mit GSM-Handys auch ohne SIM-Karte wählbar (in den tieferen Tälern um den See meist kein Netz).
Polizei: 112

Bergrettungsdienst (nur Trentino): ☎ 04 61 23 31 66
Alpines Notsignal: 6x/Min. (alle 12 Sek.) optisches oder akustisches Signal (Rufen, Pfeifen, Winken), dann 1 Min. Pause, dann wiederholen. Antwort: 3x/Min. ein Signal.

Mit Bus und Bahn

Der Bereich um den Gardasee ist (mit Ausnahme der Provinzhauptstädte Verona, Bresica und Trento) durch Busse schlecht erschlossen. Wir haben uns bemüht, dennoch viele Touren zusammenzustellen, deren Ausgangs- und Endpunkte mit öffentlichen Verkehrsmitteln zu erreichen sind. In den drei Provinzen am See operieren drei verschiedene Busgesellschaften. Fahrkarten, die man vorab im Tabakladen erwirbt (wo er sich befindet, steht an der Haltestelle angeschrieben), gelten nur für Busse der jeweiligen Gesellschaft. Tickets sind auch beim Fahrer (Aufpreis!) erhältlich. Die Verbindungen von Riva in das Alto Garda sowie über Malcèsine nach Garda sind ausreichend, jene von Riva nach Limone (wegen der Provinzgrenze!) dürftig, von Limone weiter nach Süden ausreichend. Schiffsverbindungen gibt es nur im Sommer und für Wanderer zu ungünstigen Zeiten.

SYMBOLE IN DEN KARTEN

- ⌂ Gasthaus, Berghütte (bewirtschaftet)
- ⌂ Schutzhütte, Unterstand (unbewirtschaftet)
- ⌘ Kirche
- ⌘ Kapelle
- ⌘ Burg, Schloss
- ⋰ Archäologische Stätte
- ✿ Mühle
- † Wegkreuz, Bildstock
- ⌇ᵂ Wasserfall
- ○ Quelle
- ⚑ Markanter Laubbaum
- ▪ Bushaltestelle

Almen

Jeder Besucher des Monte Baldo kennt die Kühe, die auf der Colma di Malcèsine zwischen Bergstation und Aussichtspunkt wiederkäuend Siesta halten. Niemand ist überrascht, sie hier zu finden, dabei sind sie in den oberitalienischen Alpen eher die Ausnahme, denn Almwesen ist fast überall nur noch Geschichte. Anderswo in Italien verfallen die Almen und mit ihnen die bäuerliche Kulturlandschaft. Wie kommen die Kühe auf die Colma? Ist das liebe Vieh etwa nur Touristenattraktion?

Im 18. Jh. ließen die Eigentümer, meist venetianische Großgrundbesitzer, ihre Almen auf den letzten technologischen Stand bringen, erweiterten die Almflächen und bauten neue Käsereihütten, in denen Milch und Butter länger frisch blieben und der Käse besser reifte. Zahlreiche runde Wasserbecken, die *pozzi* (oder *pozze),* wurden angelegt, um den Tieren an quellenlosen Hängen neue Weiden zu erschließen. Heute noch sind die meisten von ihnen in Funktion. Die Abnahme der fertigen Produkte wurde organisiert und garantiert. Die Senner und Käser, die man in Naturalien bezahlt hatte, wurden durch Pächter ersetzt, die Bares sehen wollten. Mehrere Gemeinden zogen nach und richteten ihre Almen nach dem neuen Modell aus, so Caprino und Pèsina die Almen Colonei di Caprino und Colonei di Pèsina an der Südflanke des Monte Baldo. Auch die Viehtriebswege zu den Almen wurden ausgebaut: um die althergebrachten Schlitten, die *barossole,* besser verwenden zu können, wurden die meisten dieser Wege gepflastert.

Als in den 1950er Jahren die industrielle Butter- und Käseproduktion das traditionelle Almwesen massiv verdrängte, war die Position dieser Almen eine wesentlich bessere als die ihrer Konkurrenz. Die besaß oft nicht einmal einen anständigen Almweg, die hygienischen Verhältnisse entsprachen keineswegs modernen Standards, generell war die Weidefläche zu klein, sodass wirtschaftliche Mindeststückzahlen des Viehs nicht erreicht werden konnten. Die Aufgabe der Almen in der Lombardei und im Piemont war die Folge, aber auch um den Gardasee musste der Gürtel enger geschnallt werden: die höher gelegenen, kleineren und schlecht erreichbaren Almen wurden aufgegeben, das Hüten wurde durch mobile Weidezäune ersetzt, Galtvieh (Schaf und Ziege) wurde fast völlig abgeschafft. Um den Südfuß des Monte Baldo herum ist gut zu erkennen, wie diese Selektion gewirkt hat: die im 18. Jh. modernisierten Almen Zocchi, Valvaccara, Colonei di Pèsina, Valfredda und Ortigara überlebten. Die Almwege wurden zu Fahrsträßen ausgebaut, neue Wasserleitungen errichtet, künstliche Besamung für die beiden am Monte Baldo zugelassenen Rinderrassen (Frisona Italiana und Bruna Italiana) eingeführt, die Vermarktung des Käses als »Monte Baldo« forciert.

Anders erging es den damals nicht modernisierten Almen des Monte Baldo. Die ganz hoch gelegenen Schaf- und Ziegenalmen verfielen zuerst, sie hatten keine festen Almhütten, nur Unterstände für die Hirten, wie jener unter der Cima Valdritta. Dann traf es die schlecht erreichbaren und nicht modernisierten Almen wie die Malga Brione mit ihrem archaischen Almgebäude und den viel zu kleinen Weideflächen, dasselbe gilt für die nahe Malga Zòvel. Oder die zu hoch, zu exponiert gelegenen Almen, wie die Malmor im Kar unter der Punta Telègrafo.

Die Trentiner Almen rund um die Madonna della Neve, die man auf der großen Almenwanderung besucht (s. Tour 21), vermarkten teilweise noch selbst. Das beste Beispiel dafür ist die Malga Pra Alpesina, die in einem Hüttenraum eine Käse-Verkaufsstelle eingerichtet hat. Wer auf diesem Weg unterwegs ist, sollte sich auf jeden Fall die noch bestehenden Beispiele alter Almgebäude anschauen, vor allem den Altbau der Malga Pian della Cenere, ein Gebäude auf der Alm Lavacchio, aber auch, etwas abseits dieses Gebietes, ein noch steingedecktes Haus der Malga Grasso am Nordhang des Monte Altissimo di Nago.

Das Konstruktionsprinzip der Almen im venetianischen Süden des Monte Baldo ist überall sehr ähnlich. Im bergzugewandten Raum steht der Kamin, hier wird die Milch zur Gerinnung gebracht, hier arbeiten und schlafen auch die Almbewohner. Im talzugewandten Raum mit seinen offenen Fensterdurchbrüchen ist es immer kühl, und viel frische Luft kommt herein. Hier setzt sich die Milch in flachen Schüsseln ab, hier wird auch der fertige Frischkäse verwahrt, damit er nicht ranzig wird. Bergraum, Logo del fogo oder Feuerraum, Talraum, Logo del latte oder Milchraum, kann man sehr schön im Gebäude der Alm Colonei di Caprino besichtigen.

Flora

Anemone baldensis & Co

Jedem Botaniker ist der Name »Baldo« vertraut, schließlich haben sich hier ein paar wichtige Momente für diese Wissenschaft abgespielt. Schon 1566 erschien ein Buch mit dem Titel »Viaggio di Monte Baldo«, in dem der Apotheker Francesco Calzolari aus Rivoli an der Etsch über die vielen seltenen Pflanzen berichtet, die er bei seinen Wanderungen auf dem Monte Baldo gefunden hatte. Wenig später kam ein weiteres Buch über die Pflanzen des Monte Baldo auf den Markt, der »Hortus Botanicus Europae«, G. Ponas »Monte Baldo«, wurde generationenlang von vielen Botanikern gelesen. Im 19. Jh. besuchte der Tiroler Botaniker Kerner den Berg. 1870 berichtete er in Fachkreisen von der Blumenfülle, wobei er besonders die herrlichen Pfingstrosenbestände hervorhob, die noch heute die Bewunderung des Besuchers erwecken. Dem bedeutenden Taxonomen wurde 1880 vom Kollegen Freyn die nur auf dem Monte Baldo vorkommende, also punktuell endemische Monte-Baldo-Schmuckblume, *Calleanthemum kerneranum,* gewidmet. Die unscheinbare, einem zu groß gewordenen Gänseblümchen ähnelnde Blütenpflanze kommt im Mai und Juni, je nach Höhenlage, in großer Anzahl auf den alpinen Wiesen zwischen der Colma di Malcèsine und der Costabella vor. Den meisten Besuchern fällt sie nicht auf, was man von einer Blume, die sogar den Beinamen »baldensis« trägt, nicht behaupten kann, der Monte-Baldo-Anemone, *Anemone baldensis.* Deren hochstämmiger Blütenstand mit der einzelnen, leuchtend weißen Blüte fällt in jeder Wiese auf, da kann sie sich hinter den bis zu über einem Meter hohen Strünken des gelben Enzians noch so verstecken. Auch ein Gras trägt den

Namen des Monte Baldo, die Segge *Carex baldensis*. Aber auch am anderen Ufer des Sees kommen sehr exklusive Pflanzen vor, wie der Tombea-Steinbrech, *Saxifraga tombeanensis,* und die noch exklusivere endemische *Saxifraga arachoidea,* der Spinnweb-Steinbrech.

Obwohl es westlich wie östlich des Sees nahezu ganzjährig blüht – schon im Januar öffnen sich etwa an der Punta San Vigilio die Blüten von Turm-Gänsekresse, Stinkender Nieswurz und Stängelloser Schlüsselblume –, konzentrieren sich die Botaniker auf diejenigen Höhenstufen, in denen im Wechsel der Jahreszeiten gerade die Hauptblütezeit angebrochen ist. Im März und April bevölkern sie die hügeligen, von Wiesen durchsetzten Strauchwälder am Südfuß des Monte Baldo, die Steineichenbestände um den Monte Brè und im Nordosten des Sees sowie die Ölbaumterrassen zu beiden Seiten. Dann blühen Mittelmeersträucher wie der Immergrüne Kreuzdorn, die Breitblättrige Steinlinde und der Judasbaum. In den Wiesen stehen die ersten Orchideen. Ab Mitte März blüht die Spinnenragwurz, man freut sich vor allem über die ortstypische *Ophrys benacensis,* die Gardasee-Ragwurz, und ein paar Glückliche finden gar den Schwertstengel, der hier als echte Mittelmeerpflanze nur an den wärmsten Hängen überleben kann.

Im Mai und Juni treten sie sich dann in den Heuwiesen hoch über dem See, den Almwiesen, und am Rand der Buchenwälder gegenseitig auf die Füße: Rote Pfingstrose, orangefarbene Feuerlilie, weiße Paradieslilie, Gelber Enzian, Weißer Affodil sorgen für die Farbenpracht in den unteren Wiesen, weiße Monte-Baldo-Anemone, rosa Duft-Händelwurz, blauer Stängelloser Enzian, gelbe Trollblume, rote, rostrote und gelbe Läusekräuter in den höher gelegenen Bergwiesen. Jetzt blühen Südalpenspezialisten wie die goldgelbe Südtulpe, *Tulipa australis,* oder die rot-violette bis rosafarbene *Primula spectabilis,* die Schmuckprimel. Jetzt sucht und findet man auch die Kernersche Schmuckblume und andere Raritäten, wie die nur an zwei Stellen vorkommende Jupiternelke oder die nur zwischen Ledrosee und Lessinischen Bergen verbreitete Monte-Baldo-Witwenblume, *Knautia baldensis* (die Bezeichnung stammt übrigens von Kerner).

Im Juli und August trifft man sich auf den höchsten Rasenflecken unter den Gipfeln, und wenn jemand in ausgesetztem Schrofengelände herumkraxelt, ist das im Zweifelsfall ein Botaniker, der in den Felsspalten der Gipfelzone nach Tombea-Steinbrech sucht, nach Dolomiten-Ehrenpreis und vor allem der prächtigen Schopfigen Teufelskralle.

Die Herbst-Wendelähre schraubt sich im September und Oktober in Ölbaumhainen am Seeufer ans Licht. Noch später im Jahr machen sich Blüten wie Botaniker rar. Beide müssen sich intensiv auf den nächsten Frühling konzentrieren.

Buchempfehlung: La Flora del Monte Baldo/Bilderflora des Monte Baldo v. L. Costantini und L. de Kock, Verona 1993, Nachauflage 2001. Das reich illustrierte Werk zur Vegetation der Gardaseeregion ist u.a. in Malcèsine und in Verona (Libreria Gheduzzi, Corso S. Anastasia 7) zu bekommen.

Der Sentiero della Pace

Der Friedensweg (Sentiero della Pace) wurde 1986 geboren. Damals entschloss sich die Autonome Provinz Trient, die Reste des Stellungskrieges von 1915 und 1918 zu einem Wegenetz zu verbinden. Zwischen Stilfserjoch/Passo di Stelvio im Westen und Marmolada/Marmoléda im Osten der Provinz entstand ein mehr als 450 km umfassendes Wanderwegnetz auf Bergwegen, Steigen, alten Kriegsstraßen, Schützengräben, Forststraßen und gesicherten Klettersteigen. Die Festungswerke der Österreicher, die damals im Trentino das Sagen hatten, und der Italiener, denen das südlich anschließende Veneto gehörte, wurden genauso integriert wie Reste der Stellungen in den höchsten Eisgipfelzonen. Der Sentiero della Pace verlangt vier bis fünf Wochen Gehzeit, er ist meist gut markiert.

Das Ziel des aufwendigen Wegebaus war natürlich ganz vordergründig die Hebung der touristischen Bedeutung der Region, rechnete man doch gerade mit den Nachfahren der ehemaligen Kriegsgegner als potentiellen Wanderern auf dem Sentiero della Pace. Aber von Anfang an war auch der echte und ehrliche Wunsch vorhanden, mit diesem Weg etwas für den Frieden, etwas für die Aussöhnung zwischen Italienern und Österreichern wie Deutschen zu tun. Es wäre zu einfach, würde man unter dem großen Wohlwollen, das wir heute fast automatisch unseren europäischen Nachbarn entgegenbringen, die alten Reminiszenzen bagatellisieren. Sie sind noch immer da, wenn auch in abgeschwächter Form, und alles, was dazu beitragen kann, sie zu überwinden, ist gut. In diesem Sinne ist der Sentiero della Pace ein echtes Friedensunternehmen.

Der Gebirgskrieg 1915–1918 war ein mörderischer Krieg. Wenn man den Sentiero della Pace entlang wandert, der in unserem Teilstück meist über 2000 m hoch liegt und Höhen von weit über 3500 m erreicht, muss man sich vergegenwärtigen, dass hier sommers wie winters ausgeharrt wurde, dass Patrouillen im härtesten Winter bei schlechtestem Wetter gegangen werden mussten, was ungezählte tödliche Unfälle durch Absturz oder Erfrieren zur Folge hatte, dass die Nachschublinien über lange, lawinengefährdete Schneehänge verliefen, wobei die Lawinen immer wieder gerade die Kriegsgefangenen mit sich rissen, die ja meist den Transport zu den vorgeschobenen Linien zu bewerkstelligen hatten, und dass die heute so friedlichen Aussichtswarten Beobachtungsposten waren, die besonders in den ersten Monaten des Krieges ohne jeden Schutz vor Wetter, feindlichen Geschützen und Handfeuerwaffen waren. Der Sentiero della Pace ist ein Mahnweg an diesen Krieg. Die an vielen Stellen wieder hergestellten oder erhaltenen Festungen, Kriegsbauten, Friedhöfe, Schützengräben sind nicht Objekte makabrer Neugier, keine Heldendenkmäler, sie sollen es vielmehr ermöglichen, das allmählich verblassende Bild dieses Krieges als einer sinnlosen und gewalttätigen Eskalation von Hass und Vorurteilen zwischen zwei benachbarten und historisch verbundenen Kulturen und Völkern konkret erfahrbar zu machen. Dazu bedarf es der Ruhe. Dieser Weg soll, darf nicht mit der Stoppuhr gelaufen werden; nachdem man ihn begangen hat, darf nicht nur die Erinnerung an das Auf und Ab des Gipfelkammes bleiben, an die Scharten und Felszähne und vielleicht noch an Edelweiß und Enzian, sondern das Bewusstsein, einen kritischen Moment der europäischen Geschichte erfahren und begriffen zu haben.

Die Reste der Befestigungen befinden sich entlang des Kammes zwischen Dosso della Torta und Tofino fast durchweg auf der Ostseite, lag doch die Westseite im Schussfeld der italienischen Artillerie. Die gesamte Umrandung des westlich anschließenden Valle dei Concei war Frontgebiet, die Bergkämme rundum waren von Stellungen und kilometerlangen Laufgräben ausgehöhlt, die über die Bocca di Trat und die Cima d'Oro bis zur Rocchetta über Riva reichten, wo sich österreichische Kaiserjäger und italienische Alpini erbitterte Kämpfe im senkrechten Fels lieferten. An exponierten Aussichtspunkten waren Kanonen stationiert; die am besten erhaltene Geschützstellung im Bereich unserer Touren befindet sich auf der Corna Piana östlich des Gardasees, wo die runden Betonfundamente bestens erhalten sind. Überall finden sich Reste von Unterständen und Kavernen, gut sind sie auf dem Gipfel des Monte Carone über Limone und am Monte Creino zu sehen, einer nach Süden steil abfallenden Kuppe unterhalb Santa Barbara am Monte Stivo.

Felszeichnungen

Die Reitermännchen auf den glatten Felsplatten unter den Eichenbüschen und Wacholdersträuchern am Nordhang des Monte Brè über der Bucht von Garda regen zum Nachdenken an. Wann entstanden diese Bilder, wer hat sie geschaffen, warum werden in dieser Kleinbauernlandschaft Reiter dargestellt, die ganz offensichtlich einem kriegerischen Handwerk nachgehen? Was bedeuten die Symbole, die bei Crero in die glatt geschliffenen Felsen geritzt wurden, wer wollte auf einem Mühlebrett spielen, das in eine 45° geneigte Platte eingeritzt wurde? Haben die Zeichen überhaupt eine Bedeutung, sind sie vielleicht nur Gelegenheitsritzereien gelangweilter Hirten? Ein einziger Stein kann viele übereinander geritzte Entstehungsschichten aufweisen, wie ein Blick auf den Reiterfelsen des Monte Brè und auf viele andere des Gebietes lehrt. Die Pferde zeigen, dass diese Ritzungen nicht viel älter sind als 3 000 Jahre, denn davor war das Pferd hier unbekannt. Aber um wieviel jünger können andererseits die Ritzungen sein! Die Forschung sagt jedoch, dass es sich bei späteren, zum Beispiel römischen, Felszeichnungen um andere Themen handelt, sodass unsere Reiterchen aus vorrömischer Zeit stammen müssen und folglich irgendwann zwischen der Mitte des zweiten Jahrtausends vor Christus und der Zeitenwende entstanden sind. Gut, also späte Bronzezeit und Eisenzeit. Das klingt wahrscheinlich, denn wir können an der Unschärfe der Kanten erkennen, dass diese Darstellungen sehr alt sein müssen, viel älter als die jüngeren, noch sehr viel glatter geschnittenen Bilder, die auch an einzelnen Stellen deutlich erkennbar über den älteren Reiterbildern zu sehen sind. So entsteht eine relative Chronologie. An der »Pietra delle Griselle«, die man etwas nördlich vom Monte Brè in Richtung Torri findet, sind die Männer ohne Pferde dargestellt, dafür hat man ihre Waffen, Schwert, Schild und Lanze, genau abgebildet, und diese wiederum lassen sich auf Grund der Übereinstimmung mit Grabfunden der Bronzezeit zuordnen. Also sind unsere Reitermännchen wohl zwischen Bronzezeit (wegen der Pferde) und Römerzeit (wegen der Sujets) einzuordnen und in der Eisenzeit, somit wohl im ersten Jahrtausend vor unserer Zeitrechnung entstanden. Genau das behaupten die Fachleute von den Reitern der »Pietra dei Cavalieri«, die wir auf unserer Tour auf den Monte Luppia besuchen und somit können wir in unseren Spekulationen bestätigt den Weg fortsetzen.

Die Felskunst am Gardasee ist noch nicht sehr lange bekannt. Ein italienischer Archäologe entdeckte sie in den 70er Jahren, als er begann, die glatten Hänge im Südosten des Gardasees von Moos- und Erdschichten zu befreien. Unter der dünnen Auflage über den vom Eis abgeschliffenen Felsen kamen Felsritzungen zu Tage, wie er sie vom nahen Val Camonica kannte. Dort hat man ungleich mehr Felsfiguren gefunden, die sich immer an ganz bestimmten Standorten auf ganz typischen Felsen befanden.

In dem großen geritzten Felsen bei Crero haben die Künstler eine Art Labyrinth dargestellt; vielleicht ist es auch der Plan eines Dorfes mit Häusern und Wegen – im Valcamonica hat man Ritzungen von Hausquerschnitten gefunden, samt Darstellung der Leitern, die in die oberen Stockwerke hinaufführen: Warum sollte nicht ein Dorfplan, also ein Grundriss dargestellt worden sein? Dass wir das nicht wissen, dass es möglich ist, diese Felsfigur als Dorfgrundriss, als Labyrinth und als sinnloses Kritzeln zu bezeichnen, charakterisiert die Probleme, die es noch immer mit der Interpretation gibt – und weiterhin geben wird. Seit langem beschäftigen sich Forscher aus vielen Ländern, allen voran die Italiener, mit der Frage, wie man bei der Interpretation dieser Felsritzungen vorzugehen hat. Ein Hirsch ist ein Hirsch, in der Steinzeit wie noch heutzutage ist er Jagdwild und seine rituelle Bannung gehört zur Jagd. Aber was bedeuten Mühlespiele, Kreise, Spiralen, ›Labyrinthe‹, Hände? Warum sind sie auf diesem Felsen und nicht auf jenem, warum sind manche Felsen von Ritzungen überzogen, wie auf dem passend »Newspaper Rock« genannten Felsen in Utah, während die ebenfalls glatten Felsen rundum keine einzige Ritzung aufweisen? Was bedeuten zwei an Löwinnen erinnernde, auf den Hinterbeinen balancierende Gestalten in einem Felsbild des Wadi Maktendus in Libyen? Ist die Gruppe von Reitern auf dem Monte Brè ein Reiterkonvoi, wohin ist er unterwegs, warum und gegen wen? Wer waren die Künstler: Schamanen, Bauern, Jäger, Graffiti-Spezialisten oder Hirten, die mit ihren Herden unterwegs waren zu anderen Weiden, höher gelegenen Wiesen? Wir wissen es nicht.

Von Ville del Monte auf den Monte Misone

Der Aussichtsklassiker

Tour 1

Von Ville del Monte auf den Monte Misone

Einer der besten Aussichtsberge des gesamten Gardaseegebiets, von dessen Gipfel man besonders gut die nahe Brenta sieht, ist im Regelfall zu jeder Jahreszeit zu bewältigen. Beste Fernblickchancen hat man zwischen September und April.

DIE WANDERUNG IN KÜRZE

Anspruch: ++

Gehzeit: 6 Std.

An-/Abstieg: 1300 m

Charakter: Wegen des Höhenunterschieds anstrengende, aber technisch leichte Wanderung auf guten Wegen und kurzen Fahrwegstrecken

Wanderkarte: Kompass 101

Einkehrmöglichkeiten: Rifugio San Pietro (Mai bis Okt. und an den meisten Wochenenden geöffnet, ✆ 04 64 54 11 91)

Ausrüstung: Trinkwasser

Anfahrt: Mit dem PKW: Ville del Monte ist von Riva auf der Straße in Richtung Ponte Arche zu erreichen.
Mit dem Bus: Die nachmittägliche Busverbindung von Riva (ab ca. 12.40 Uhr) nach Ville del Monte erlaubt nur eine Tour mit Übernachtung im Rifugio San Pietro.

Die Wanderung beginnt in **Ville del Monte** bei der Bushaltestelle, Parkplätze gibt es etwas bergan auf der anderen Straßenseite gegenüber einer Trattoria. Wo die Straße, auf der wir von Riva her angekommen sind, in einer großen Linkskurve weiter verläuft, führt rechts ein Maultiersträßchen in den rechts über uns liegenden Ort **Canale**. Dort halten wir uns nach links, um in den obersten Ortsteil zu gelangen und bei der obersten Gabelung mit dem **Schild 406 »San Pietro«** den Weg nach rechts und aus dem Ort hinaus zu nehmen. Er führt in einigen Kurven

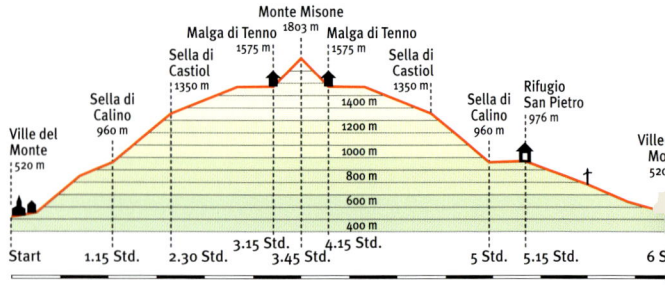

den landwirtschaftlich genutzten Hang hinauf, quert ein Waldstück und erreicht die **Hochfläche** von San Pietro. Hier wird bei einem Hof ein Fahrweg gequert, die Wegrichtung ändert sich nicht. Endlich mündet der Weg in ein breiteres Fahrsträßchen, dem wir etwa 300 m zur **Sella di Calino** folgen (1.15 Std.), einer Wegkreuzung im Tal zwischen dem Monte Misone auf der linken und dem Monte San Pietro auf der rechten Seite. Ein Schild weist mit der Nr. 412 auf den Weg nach links und hinauf zum Monte Misone.

Recht steil geht es jetzt den Osthang des Berges hinauf bis zu einer Schulter, der **Sella di Castiol** (2.30 Std.), wo man aufatmend feststellen kann, dass es ab hier anscheinend weniger steil weitergeht, was auch zutrifft. Der Südwesthang wird mit geringerer Steigung gequert, Rotbuchen und Fichten bestimmen den Wald, weiter oben auch in lockeren Gruppen stehende Birken. Bei einer weiteren Schulter öffnet sich erstmals, zögernd noch, der Blick nach Norden; ein flaches Waldstück wird gequert, und die **Malga di Tenno** (oder Malga Misone) in einer Wiesenkuhle ist erreicht.

Ein schmaler Weg führt vor den Almgebäuden nach rechts in den Nordhang und zum Gipfel des **Monte Misone** (3.45 Std.). Gipfelbuch, kleines Kreuz, grandiose Aussicht, nahezu 360°-Rundblick. Direkt nördlich und besonders eindrucksvoll die Brentagruppe – viele weitere Berggruppen warten auf die Identifizierung – großräumige Übersichtskarte und Kompass mitnehmen! Um nur einige zu nennen: Carè Alto (3462 m), Presanella (3556 m), Monte Bondone (2176 m), Monte Stivo (2045 m), zum Anfassen nahe der Monte Biaìna (1413 m), Monte Baldo

(2218 m), Monte Tremalzo (1974 m), Cima Posta in der Caregagruppe (2259 m) sind zu sehen, der Adamello ist verdeckt.

Zurück auf demselben Weg geht es bis zur **Sella di Calino** (5 Std.), wo wir aber nicht von der dortigen Fahrstraße nach rechts den Hinweg nehmen, sondern nach links dem Fahrweg 401 hinauf zum **Rifugio San Pietro** des Trentiner Alpenvereins Sektion Trient (5.15 Std.) folgen. Die stimmungsvolle Schutzhütte ist an eine alte Einsiedelei angebaut. Man blickt hinüber zum Monte Baldo und hinunter auf den See, der bis hier hinauf als Wärmespeicher wirkt. In den Felsen unterhalb des Rifugio stehen Steineichen, ihr Standort ist der höchste dieser für das Mittelmeerklima charakteristischen Baumart in Oberitalien.

Von Ville del Monte auf den Monte Misone

Unterhalb eines Kreuzes (die hervorragende Aussichtsplattform, auf der es steht, wird Monte Pozze genannt) führt das Sträßchen durch einen steilen Hang. Bei der ersten Linkskurve gehen wir auf einem holprigen Maultierweg geradeaus weiter und erreichen in wenigen Minuten Canale und auf dem Aufstiegsweg **Ville del Monte** (6 Std.).

Die Orte Tòrbole und Riva vor den Bergen des Alto Garda, rechts der Monte Misone

Der Trentiner Friedensweg

Von der Malga Pranzo zum Rifugio Pernici und auf den Tofino
Eines der eindrucksvollsten und einsamsten Teilstücke der Via della Pace verläuft entlang des Kammes zwischen Dosso della Torta, Tofino und Corno di Pichea im Bergland nordwestlich von Riva.

DIE WANDERUNG IN KÜRZE

++ Anspruch

6 Std. Gehzeit

1100 m An-/Abstieg

Charakter: Bergwanderung im hochalpinen Bereich auf alten Kriegssteigen, bei Nebel im Abschnitt oberhalb des Rifugio Pernici große Orientierungsprobleme

Ausrüstung: Getränkevorrat (Wasser nur auf den Hütten)

Wanderkarte: Kompass 101

Einkehrmöglichkeiten und Unterkunft: Capanna Grassi (April bis Dez., ☏ 04 64 50 11 81), Rifugio Pernici (im Juni an Wochenenden, Juli bis Sept., ☏ 04 64 50 50 90)

Anfahrt: Mit dem PKW: Von Riva in Richtung Ponte Arche, am Lago di Tenno nach Campi, von dort zur Malga Pranzo (Schilder: Cap. Grassi). **Mit dem Bus:** Von Riva erreicht man die Malga Pranzo zu Fuß in ca. 2.30 Std. auf Wanderweg 402, Übernachtung im Rifugio Pernici. Die Busse Riva–Ponte Arche verkehren nur nachmittags (Riva ab ca. 12.40), von der Haltestelle Lago di Tenno auf Asphaltstraße nach Campi und auf Wanderweg 402 zur Malga Pranzo ca. 2.30 Std.; Übernachtung im Rifugio Pernici.

Es wäre ja schön, wenn man ab **Campi** den Wanderweg 402 nehmen könnte, der im Tal des Torrente Gamella bleibt und in einer Stunde zur Malga Pranzo führt. Aber das würde samt Rückweg zwei weitere Wegstunden und wahrscheinlich eine Nächtigung bedeuten. Für Tagesausflügler deshalb: PKW bis **Malga Pranzo,** die Barriere zeigt genau, wie weit Sie fahren dürfen. Geradeaus geht rechts vom Bachbett der Fahrweg zum Rifugio Pernici oberhalb der Bocca di Trat, die Sie von hier aus schon über den flachen Almböden sehen können. Der Weg ist mit der 402 gekennzeichnet. Noch ein Bier vor dem Aufstieg? Der nach links führende Fahrweg bringt Sie in wenigen Minuten zur gemütlichen **Capanna Grassi** (beim Abstieg wird Ihnen die Gastlichkeit dieser Hütte besonders willkommen sein, bevor Sie sich wieder ins Auto begeben).

Der Weg von der Malga Pranzo zur Bocca di Trat ist nicht weiter aufregend, ein Fahrweg, ab der aufgelassenen Alm Dosso dei Fiori in Kurven

Von der Malga Pranzo zum Rifugio Pernici und auf den Tofino

durch Wald verlaufend. Bevor die österreichischen Behörden 1851 die Ponalestraße von Riva zum Ledrosee durch die Rocchetta sprengen ließen, liefen über die Bocca di Trat alle Verkehrsverbindungen zwischen dem oberen Gardasee und den westlichen Judikarien, Besitz der mächtigen Grafen Lodron. Im Winter war der Pass, die Bocca di Trat, unpassierbar, dann gab es eben keine Verbindung. Der Passweg ist uralt, war es schon in römischer Zeit: das Heiligtum von San Martino oberhalb Campi (Stiege und Schild westlich der Kirche!) stammt zwar aus der römischen Phase, zeigt aber deutlich die keltische Tradition des Ortes.

An der **Bocca di Trat** wendet man sich nach links zum wenig oberhalb errichteten **Rifugio Pernici** (1.30 Std.), dessen rustikale Holzeinrichtung auf eine Gastlichkeit schließen läßt, die sie tatsächlich aufweist. Wer sich's einrichten kann, sollte von Campi aus wandern und hier nächtigen. Ansonsten: zurück zur Bocca di Trat und gegenüber den Markierungen von Weg 420 und den Zeichen des Sentiero della Pace (gelber Punkt, gelbe Taube, Schilder) hinauf in Richtung des Kammes zwischen Mazza di Pichea und Dosso della Torta bis zum Tofino folgen.

Schon vom Anstieg zur Bocca di Trat konnte man die Geländebeschaffenheit erkennen: von Schrofen und Felstürmen durchsetzte Waldzonen und darüber steile alpine Kurzrasen. Bei Nebel ist diese Region nicht zu empfehlen, dann verschwindet der scheinbar so deutliche Weg und der Wanderer verliert jede Orientierung.

Der erste Gipfel, die **Mazza di Pichea,** ist auf einem kurzen Abstecher nach rechts zu erreichen, dann biegt nach links Weg 452 zur Malga Guì ab (rot-weiße Markierung). Unser Weg ist gut markiert, führt in eine Scharte hinauf, wo er die Wasserscheide erreicht. Ab hier verläuft der Friedensweg auf alten Kriegsstraßen und Verbindungswegen, erschließt immer noch aufrecht stehende betonierte Stellungen, Laufgräben, Kavernen, Geschützfundamente. Und es ist einsam hier, sehr einsam, daran ändern auch die Enziane und die Edelweißwiesen nichts.

Am Kamm entlang führt der Weg zum Gipfel des **Corno di Pichea** (2138 m), in eine Scharte und wieder hinauf zu unserem Ziel, dem **Tofino** (3.30 Std.) mit seiner großartigen Rundumsicht. Auch hier blüht Edelweiß, aber auch Alpenschafgarbe, Katzenpfötchen, Alpenaster und Feldenzian bis in den September hinein.

Auf dem Rückweg, der identisch ist mit dem Hinweg, werden uns die

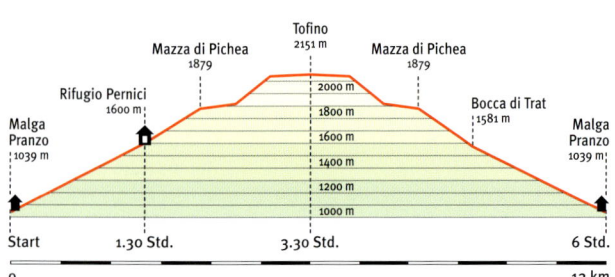

Von der Malga Pranzo zum Rifugio Pernici und auf den Tofino

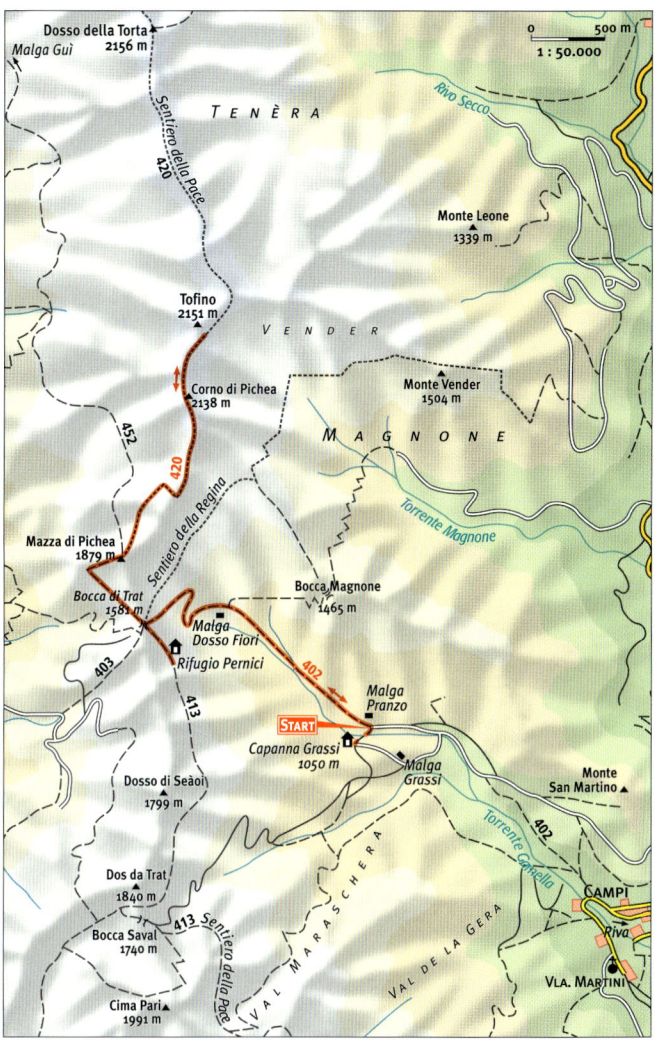

Überreste aus dem Ersten Weltkrieg vielleicht stärker auffallen: verrostete Dosen, Stacheldraht, Mauerreste. Wir dürfen den kahlen, windausgesetzten Berggipfel verlassen und zurück zur Hütte wandern, hinunter ins Tal. Der Gebirgskrieg kannte keine Pause, auch nicht im Winter. Wie angenehm, dass unten in der **Capanna Grassi** geheizt ist. Von dort erreichen wir nach 6 Std. Gehzeit wieder die **Malga Pranzo**.

Bauernland und kühler Badesee

Vom Passo Ballino über den Lago di Tenno nach Tenno und Varone
Ganzjährig mögliche Wanderung auf alten Maultierwegen bergab durch Wald und Bauernland, vorbei am klaren Bergsee Lago di Tenno. Die Trentiner Orte Canale und Tenno sind Musterbeispiele für die traditionelle Hausbauweise der Region.

DIE WANDERUNG IN KÜRZE

Anspruch: +

Gehzeit: 3 Std.

Abstieg: 650 m

Charakter: Leichte Bergwanderung auf alten Maultiersträßchen und Dorfverbindungswegen, im letzten Abschnitt steil und etwas holprig

Wanderkarte: Kompass 101

Ausrüstung: Wasser an Brunnen entlang des Weges durchweg in Trinkwasserqualität

Einkehrmöglichkeiten: Bars, Trattorien und Zimmer in Ballino, Ville del Monte, Tenno und Varone, Hotel mit Restaurant an der Straße oberhalb des Lago di Tenno

Anfahrt: Mit dem PKW: Von Riva auf der Straße nach Ponte Arche bis nach Ballino. **Mit dem Bus:** Nur nachmittags Verbindung von Riva über Ballino nach Ponte Arche und zurück; die erste Verbindung nach Ballino und der Stadtbus (Linie 2) ab Varone ermöglichen die komplette Tour mit Bus ab/bis Riva.

Jahreszeit: Meist ganzjährig schneefrei und begehbar, im unteren Teil ab Tenno im Hochsommer sehr heiß

In **Ballino** an der Straße von Riva nach Ponte Arche in den Judikarien wendet man sich bei der kleinen Kirche Santa Lucia auf ein Fahrsträßchen, das hier bei der Bushaltestelle nach rechts abgeht. Die Schilder weisen auf die Wegnummer 406 und geben 1.30 Std. nach Ville

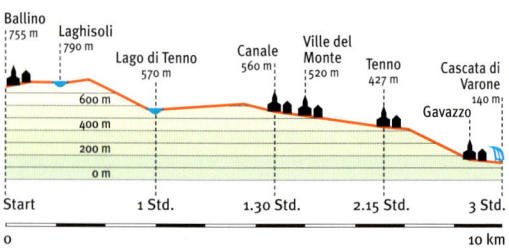

del Monte an. Zunächst steigt das nach Süden führende Sträßchen leicht an, bei einem Haus mit Brunnen wird ein **Sattel** erreicht, von nun an geht es im Wesentlichen eben weiter und später nur noch abwärts. Unterhalb des nächsten Hauses endet das Fahrsträßchen, ein Fußweg führt in der gleichen Richtung weiter (Schilder).

Wir betreten ein ausgedehntes Bergsturzgelände. In den Wiesen und im Wald liegen große Gesteinsbrocken, die *dossi*. Der Boden ist stark gewellt, in Mulden liegen zwei winzige Seelein, die **Laghisoli**. Die Landschaft hier entstand durch einen gewaltigen Bergsturz, der um das Jahr 1400, also im Spätmittelalter erfolgte, und auch den heutigen Lago di Tenno aufstaute, den wir bald rechts vom Weg sehen werden. Dokumente dazu gibt es keine, nur Legenden, die von einem gotteslästerlichen Dorf berichten, das durch einen Bergsturz bestraft worden sei. Damals habe sich der See gebildet, das Dorf sei in seinen Fluten versunken. Warum wir wissen, wann das geschah? Taucher aus Trient haben vom Seeboden Holzreste ans Licht gebracht, deren Alter mit der C14-Methode auf den Zeitraum um 1400 bestimmt wurde. Es waren Fragmente eines versunkenen Buchenwaldes, Hinweise auf ein Dorf wurden nicht gefunden.

Dort, wo wir den **Lago di Tenno** erreichen (1 Std.), kann man bei einer ufernahen Quelle nach rechts gehen, um den See entgegen dem Uhrzeigersinn zu umwandern. Der Weg führt zuerst entlang einer Wiese, dann aufwärts durch ein kurzes Waldstück und verläuft dann als Trampelpfad hinunter zum Tal des meist trockenen Seezubringers, des Rio Secco (wenn ein Bachlauf schon

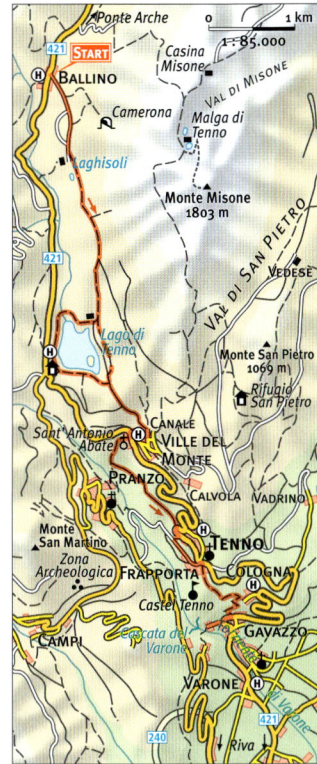

»Trockener Fluss« heißt, kann man ja auch wenig erwarten ...). Jenseits beginnt ein gepflegter Fußweg, der das Seeufer in geringer Höhe begleitet und ganz im Süden wieder zu jenem Fahrweg hinaufführt, den wir vorher verlassen hatten (1.15 Std.). Wer den kurzen, steilen Trampelpfad scheut, bleibt auf dem Fahrsträßchen und spart etwa 15 Min.

Der Lago di Tenno ist ein Karstsee. Sein Wasser bezieht er vor allem aus Quellen unter dem Wasserspiegel. Er hat keinen oberirdischen Abfluss und der Wasserstand schwankt stark – manchmal lässt sich das Inselchen am Südrand trockenen Fußes erreichen. Das Wasser ist sehr

Lago di Tenno

kalt, was Badelustige, die meist vom Hotel an der Straße westlich oberhalb des Sees kommen (Clubhotel Lago di Tenno), zum Anlass nehmen, nur ein wenig mit den Füßen zu plantschen und ansonsten lieber ein Sonnenbad zu nehmen.

Über die kleine Anhöhe südlich des Sees (kein Abfluss!) erreicht man eine ganz andere Landschaft. Statt Wald dominieren nun Wiesen, Weinbergterrassen, Kirsch- und Walnussbäume das Gelände, im Hintergrund glitzert der Gardasee, umgeben von einem eindrucksvollen Bergpanorama. Vor uns liegt der Ort **Canale,** den wir auf dem alten Sträßchen erreichen, dem wir bereits seit Ballino folgen (1.30 Std.). Das Dorf wirkt von außen wegen seiner geschlossenen Häuserfront ziemlich abweisend, aber wenn man durch das alte Tor in den Ort hineinkommt, ändert sich das schlagartig. Zu den schmalen Sträßchen und Treppen hin verlaufen Holzbalkone um die höheren Stockwerke der eng aneinander gebauten Häuser. Alte Brunnen in Mauernischen, aus Findlingsgranit gemeißelte Torstürze, die kräftigen, oft meterdicken unteren Steinstockwerke der Häuser, die Fronten unterbrochen von niedrigen, dunklen Gängen, barocke Fresken über Hauseingängen und Heiligenfiguren in Nischen, alte Befestigungen wie das Tor dei Focri am unteren Dorfausgang fesseln die Aufmerksamkeit. Canale, ein Teil der Gemeinde Ville del Monte, ist ein typisches Trentiner Dorf. Weniger typisch ist die besondere Umsicht, mit der hier durch eine Privatinitiative die alte bauliche Struktur konserviert wurde.

Im Ort halten wir uns rechts und abwärts und erreichen die kleine Piazza (mit einem altösterreichischen Ortsschild in italienischer Sprache). Dann geht es nach rechts weiter, die Casa degli Artisti passierend, ein Vielzweckhaus mit häufigen Ausstellungen, das im Zuge der Dorferhaltung durch die genannte Privatinitiative eingerichtet wurde. Das Sträßchen führt linksbündig weiter um den Ort, bei der ersten Gabelung halten wir uns rechts, wo ein Maultiersträßchen (unmarkiert) im großen Linksbogen zur Straße Riva–Ponte Arche hinunter führt. Hier gibt es zwei Trattorien, die willkommene Erfrischung und Stärkung bieten.

Der nicht markierte Weiterweg beginnt an der unterhalb der Asphaltstraße stehenden **Kirche Sant'Antonio Abate,** die übrigens ein schönes Beispiel für Architektur und Baudetails der Spätrenaissance und des Frühbarock im Fürstbistum Trient ist.

Rechts der Kirche führt ein Fahrweg in Richtung eines kleinen Tälchens, das in das tief eingeschnittene Tal des Torrente Magnone entwässert. Im Linksbogen führt der Weg abwärts, bis er nach etwa 15 Min. flacher wird und nunmehr hoch über dem Torrente talauswärts und gemütlich in Richtung Tenno führt. Viele Obstbäume und Weinreben zeugen von der intensiven Arbeit der Bauern im Tennese, der Landschaft um Tenno. Wir erreichen die Asphaltstraße in einer Kurve, gehen hier links hinauf bis zur nächsten Kurve, dort geradeaus weiter in den Ort **Tenno** hinein und auf dem Hauptsträßchen zwischen schönen alten Trentiner Häusern hindurch zum Ortsteil **Frapporta** (2.15 Std.).

Frapporta bedeutet »Zwischen den Toren«. Das Kastell Tenno vor uns, man hat es immer wieder von oberhalb gesehen, war zumindest seit dem 13. Jh. bischöflich tridentinisch, der Ort selbst hatte alte Privilegien und gab sich autonom. Die Konflikte, die sich zwischen den Toren abspielten, kann man nur ahnen. 1703 brandschatzten französische Truppen unter Vendôme den Ort und ließen die Burg als Ruine zurück.

Eine Bar lädt in Frapporta zur Rast vor dem steilen letzten Teilstück des Abstiegs. Es beginnt in der Linkskurve der Straße, der Eingang zum Burgbereich bleibt rechts. Es geht flott hinunter zum Fuße der Steilfelsen, auf denen die Burgruine steht. Zuerst prägen lockerer Wald und Strauchwerk, dann Weinterrassen die Umgebung. Es öffnen sich herrliche Blicke auf den Gardasee und Riva, die Rocchetta, den Monte Baldo und den Monte Stivo. Markierungen helfen, den Weg nicht zu verlieren, der sich nach links wendet und in **Gavazzo** auf die Straße Varone–Tenno mündet (links oberhalb des Gasthofs »La Rocchetta«). Auf dieser gehen wir nach rechts nach **Varone** und zur **»Cascata di Varone«** (3 Std.), deren Besuch man sich auf keinen Fall entgehen lassen sollte. Die bis zu 73 m hohe Klamm am Ausgang des Torrente Magnone ist eine der eindrucksvollsten der Alpen (Eintritt). Sie ist so schmal, dass im Inneren ohne die künstliche Beleuchtung fast absolute Dunkelheit herrscht. Das Schauspiel des Wasserfalls in der Enge der senkrecht in den Kalkfels geschnittenen Klamm ist atemberaubend. Schon 1874 hat man die Klamm zugänglich gemacht. Von Kaiser Franz Josef, damals Landesherr, bis zum Kronprinzen Umberto, dem späteren König Umberto II., beehrten alle illustren und weniger illustren Besucher Rivas das Ausflugsziel mit ihrem Besuch. Im Park vor der Klamm prägen Mittelmeerbäume einen schönen alten Botanischen Garten: Steineiche und Kermeseiche, Oleander, Yuccapalme, Japanische Mispel, Ölbaum, Zypresse, mehrere Palmenarten, Lorbeer.

Die Bushaltestelle befindet sich vor dem Eingang. Der letzte Bus ist schon weg? Riva ist nicht so weit entfernt: Wenn wir unten im Dorf Varone bei der Weggabelung die rechte Straße nehmen (Via Ardaro), erreichen wir ohne starken Verkehr in etwa einer Stunde Riva und den Gardasee.

Beeindruckendes Schauspiel: der Varone-Wasserfall

Eisensteige und einsame Wege

Aus dem Sarcatal über die »Scaloni« auf den Monte Biaìna und hinunter nach Arco

Die sonnenwarmen Hänge über Arco und unter San Giovanni und dem Monte Biaìna sind gerade dann recht einsam, wenn sie am schönsten zu gehen sind: im Frühjahr und Herbst.

DIE WANDERUNG IN KÜRZE

Anspruch: +++

Gehzeit: 6.30 Std.

An-/Abstieg: 1300 m

Charakter: Lange Bergwanderung mit großen Höhenunterschieden im An- und Abstieg; im ersten Teil Steilfelsen, die durch eine gesicherte Treppenanlage überwunden werden; Trittsicherheit und Schwindelfreiheit sind Voraussetzung.

Ausrüstung: Trinkwasser

Wanderkarte: Kompass 101

Einkehrmöglichkeiten: Ristoro San Giovanni (✆ 04 64 54 11 91)

Anfahrt: Mit PKW und Bus: Ceniga liegt im Sarcatal nördlich Arco und ist mit diesem durch die Straße Riva/Nago–Trento verbunden; Arco hat Busverbindungen mit Riva, Trento und über Nago/Tòrbole mit Rovereto und Verona. Da die Tour in Arco endet, ist es für Autofahrer sinnvoll, den Wagen dort zu lassen und bis Ceniga einen der mehrmals täglich verkehrenden Busse in Richtung Trento zu nehmen.

In **Ceniga** halte man sich hinter der Brücke über den Sarcafluss nach rechts in Richtung des Hofes Lizzon. Bei der Gabelung vor dem Hof geht man links und erreicht nach 200 m einen nach rechts abzweigenden, gut markierten Weg (rot-weiß, Nr. 428). Er führt zunächst noch weniger steil durch Buschwald, ab dem Einstieg in die großen Wandfluchten ist er gesichert. Die »Scaloni«, die dem Scaloni-Weg den Namen gegeben haben, sind schwere Stahlträger, die man nach einer Serie in den Fels geschlagener Stufen erreicht. Die Anlage wurde noch vor 1914 vom österreichischen Militär errichtet, um besser an die Waldbestände oberhalb von Ceniga heranzukommen. Geländer helfen uns heute über ausgesetzte Stellen. Auffallend sind in den Fels geschlagene Wasserbehälter. Wo sich der Steilhang etwas zurücklegt, beginnt wieder ein normaler Weg (1.15 Std.), der über die Hänge der **Costa dell'Anglone** ansteigt. Bei der ersten Weggabelung folgen wir der Markierung 428 nach links.

Weiter geht es durch Buschwald (viel Goldregen, Haselnuss, Hainbuche, Hopfenbuche, Robinie) bis wir auf ein asphaltiertes Stichsträßchen stoßen, das hinauf in die Ferienhauszone von San Giovanni führt.

Über die »Scaloni« auf den Monte Biaìna und hinunter nach Arco

Blick über das Sarcatal auf das Monte Biaìna-Massiv (rechts) und die Berge des Alto Garda

Wir folgen ihm ca. 50 m nach links bis zu einem Weg, der mit Schild und Markierung halb rechts hinauf durch Wald und schließlich durch Wiesen und Kirschbaumhaine nach **San Giovanni** führt (3 Std.). Im Ristoro San Giovanni, es liegt etwas rechts vom markierten Weg, sitzt es sich gut unter den beiden großen Rosskastanien. Es gibt kalte Brotzeit und Getränke und viele Mountainbiker, die auf der Asphaltstraße hier heraufgekommen sind.

Die Pause braucht man auch, weil bis zum Monte Biaìna noch einmal 350 m Steigung zu bewältigen sind. Dazu gehen wir hinauf zum oberhalb des Ristoro verlaufenden Sträßchen, dort nach links und zu einer Gabelung an einem kleinen **Pass** (3.15 Std.). Hier nach links auf einen Fahrweg, nach 15 Min. und nach der Sperrung für Fahrzeuge zeigen ein Schild und Markierungen nach links zum Monte Biaìna und nach Arco, die Wegnummer ist die 407. Das Forststräßchen führt im langen Bogen nach links und dann nach rechts auf den mit Rotbuchen bestandenen **Bergrücken Naciole** (3.30 Std.). Wo die Forststraße endet, führt die Markierung auf einem Wanderweg weiter, erklimmt einen Hügel und senkt sich in eine kleine **Scharte,** bevor es ernsthaft und steil auf den Klotz des Monte Biaìna hinaufgeht, wobei man an einer Stelle sogar die Hände zu Hilfe nehmen muss. Oben ist nicht etwa der Gipfel erreicht, sondern ein breiter bewaldeter **Rücken,** wo es auf einem Steig nach rechts und in Richtung Süden weitergeht. Man kommt nahe an die westliche

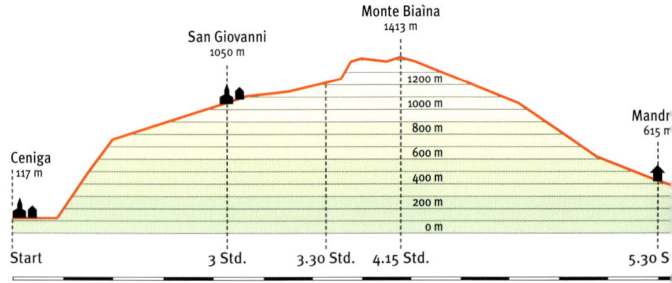

Über die »Scaloni« auf den Monte Biaìna und hinunter nach Arco

Absturzkante heran, nicht Schwindelfreie werden sich hier nicht wohl fühlen. Dafür bieten sich Blicke zum Monte Misone, in die Berge der Judikarien und in die Kammzone zwischen der Rocchetta über Riva und dem Dosso della Torta. Eine leichte Delle im Kammverlauf wird erreicht, es folgt ein Schild »Mandrea Arco«, der Weg knickt im rechten Winkel nach links ab und führt in den Wald hinunter. Aber das soll uns nicht davon abhalten, die 10 Min. entlang der Absturzkante zum nur wenige Meter höheren Gipfel des **Monte Biaìna** (und zurück) zu gehen, der Steig ist schmal, aber nicht zu verfehlen (4.15 Std.).

Nun beginnt der lange, kniebelastende Abstieg. Nach ein paar Minuten erreichen wir eine Forststraße, der wir nach links folgen. Bei einer Gabelung wenige Minuten später halten wir uns rechts und bei der nächsten ebenfalls. Eine lange Strecke in südwestlicher Richtung wird in etwa gleicher Neigung zurückgelegt. Endlich beschreibt der Weg eine scharfe Linkskurve und 100 m weiter eine **Rechtskurve** (4.45 Std.). Hier zweigt rechts wieder der Wanderweg 407 ab, der zunächst über Straßenschutt verläuft, dann aber zu einem sehr schönen Waldweg wird. Nach etwa 20 Min. ist wieder eine Forststraße erreicht, auf der wir etwa 50 m nach links gehen

Über die »Scaloni« auf den Monte Biaìna und hinunter nach Arco

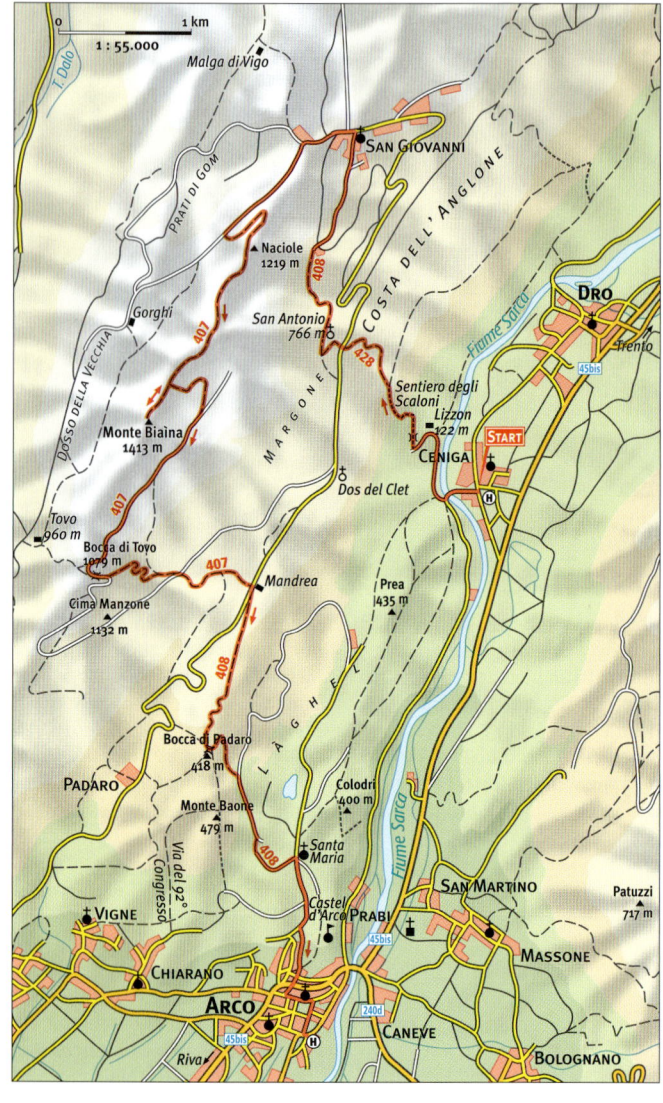

und dann rechts die Weiterführung des Wanderweges vor uns haben. Dieser entpuppt sich bald als Hohlweg zwischen Buchen, wird zum Fahrweg, wieder zum Hohlweg und mündet plötzlich beim **Haus Mandrea** auf die Asphaltstraße nach San Giovanni (5.30 Std.).

50 m unterhalb führt der Wanderweg auf der anderen Straßenseite weiter (Schilder und Markierungen), verläuft parallel zu einer Felsrippe

Über die »Scaloni« auf den Monte Biaìna und hinunter nach Arco

Eng schmiegt sich der Pfad an die steilen Felswände über dem Sarcatal

nach Süden und erreicht in Serpentinen eine kleine Scharte, die Bocca Padero. An der dortigen Kreuzung geht es nach links hinunter in das Hochtal von Làghel, der Weg mutiert zum Fahrsträßchen und erreicht die **Kapelle Santa Maria di Làghel** mit Brunnen. Hier folgen wir dem Kreuzweg hinunter, betreten durch das nordwestliche Stadttor die Altstadt von **Arco** und gehen durch sie hinunter zum Parkplatz oder zur Bushaltestelle (6.30 Std.).

Am Wege

Die in den Fels geschlagenen Wasserbehälter zeigen eine ältere Nutzung an, sprechen von den Härten des Bauernlebens in der Region. Wer von uns kann sich wirklich vorstellen, Wasser aus den Trögen in einem Behälter auf dem Rücken den steilen Treppenweg hinauf zur Costa dell'Anglone zu schleppen, um dort die von Austrocknung gefährdeten Roggen- und Haferfelder zu retten? Und das nicht einmal oder ein paarmal, sondern täglich, immer wieder, während der gesamten Trockenperiode? Der Verlust der Ernte auf den hoch über dem Sarcatal gelegenen Feldern würde zur Hungersnot führen, zu Mangel an Saatkorn für das nächste Jahr, vielleicht das pure Überleben gefährden.

Die Felder der Costa dell'Anglone werden nicht mehr bestellt, sind völlig überwachsen, die alten Terrassen verfallen, Roggen und Hafer sind aus der Mode gekommen, verdrängt vom teuren Weizen – und wer arbeitet schon noch in der Landwirtschaft? Wenige Spezialkulturen sind von der alten Produktionsvielfalt, die für die selbstversorgenden Familien überlebenswichtig war, übrig geblieben, alle unten im Tal. Darunter die Zucht der Prugne di Dro; das sind gar keine Pflaumen, wie der Name sagt, sondern kleine Zwetschgen, ein Relikt aus altösterreichischen Tagen – außerhalb von Trentino-Südtirol sind Zwetschgen in Italien völlig unbekannt.

Almwiesen und Beerenklau

Von Santa Barbara auf den Monte Stivo

Für Blumenliebhaber und Beerensammler ist der Monte Stivo ein Dorado, ganz zu schweigen von denjenigen, die herrliche Ausblicke genießen wollen, die Venetien, die Lombardei und das Trentino umfassen.

DIE WANDERUNG IN KÜRZE

Anspruch: +

Gehzeit: 4.30 Std.

An-/Abstieg: 900 m

Charakter: Leichte Bergwanderung auf Almfahrwegen, Pfaden und guten Steigen

Wanderkarte: Kompass 101

Einkehrmöglichkeiten: San Antonio's Bar, Rifugio Stivo Prospero Marchetti (meist schon ab Mai bis Mitte Okt. geöffnet, auch Übernachtung möglich, ☏ 04 64 52 06 64)

Ausrüstung: Brunnen mit Trinkwaser nach ca. 25 Min.

Anfahrt: Mit dem PKW: Santa Barbara erreicht man ab Arco über Bolognano auf kurvenreichem, aber gutem Bergsträßchen. Von Loppio an der Straße Rovereto–Nago führt eine Bergstraße nach Ronzo–Chienis und ebenfalls nach Santa Barbara. **Mit dem Bus:** Ab Rovereto nach Ronzo–Chienis (oder mit Umsteigen ab Arco/Riva), von dort nach Santa Barbara zu Fuß auf dem lokal mit »5« markierten Weg, der im obersten Ortsteil von Ronzo beginnt (ca. 45 Min.).

Am östlichen Ortsrand von **Santa Barbara** zweigt ein Sträßchen nach Norden ab, wobei es einen Brunnen in die Mitte nimmt. Nach 80 m gabelt es sich, hier halten wir uns rechts und gehen auf der Via San Antonio,

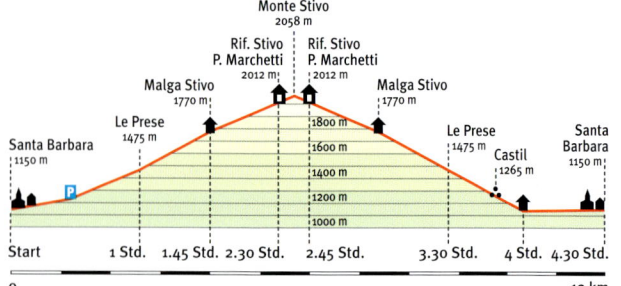

vorbei am Holzhaus San Antonio's Bar (Bänke, Tische, Bier, Radler), bis zu einem einzeln stehenden Haus, wo sich die Straße verzweigt. Auf der direkt rechts daran vorbei führenden Straße geht es weiter (Schilder: »608b Le Prese/Rif. Stivo 1h45«). Ab dem Parkplatz (15 Min.) besteht allgemeines Fahrverbot. Das Sträßchen beginnt zu steigen und führt in Kurven bergan (zwei Abkürzungen, die erste beginnt direkt am Waldrand rechts), ein Haus und Brunnen (ganz kaltes Wasser!) werden passiert, das Sträßchen ist ab hier nicht mehr asphaltiert und eine Schranke hält diejenigen auf, die das Fahrverbotsschild nicht beachtet haben. Steiler geht es durch Wald bergauf, bis die Almböden von **Le Prese** (1 Std.) mit ihren herrlichen Wiesen erreicht sind. Es folgt eine Gabelung, ein Weg führt geradeaus, wir werden ihn zum Abstieg benutzen. Der andere führt als Almfahrweg nach rechts, wir folgen ihm im Aufstieg.

In den Wiesen von Le Prese wächst eine Fülle seltener Blumen, in der zweiten Maihälfte mischt sich die gelbe südalpine Wildtulpe darunter. Weil so viele andere gelbe Blumen hier wachsen, unter anderem Massen von Trollblumen und große Scharen des Holunderknabenkrautes (es gibt auch ein paar rote Exemplare), fällt sie weniger auf und wird von den meisten Wanderern übersehen. Das kann dem azurblauen Stängellosen Enzian ebenso wenig passieren wie der weinroten Pfingstrose. Auch den weißen Affodil findet man hier, eine südalpine Rarität, die sonst nur im Mittelmeergebiet vorkommt, genau wie die ebenfalls weiß blühende Monte Baldo-Anemone.

Weiter geht es hinauf zur **Malga Stivo** (1.45 Std.). Vor den Almgebäu-

den gehen wir den Hang nach links und erreichen einen deutlich markierten Fußweg, der links hinauf weiterführt. In Kehren quert er die Südwesthänge des Monte Stivo und erreicht das **Rifugio Stivo Prospero Marchetti** (2.30 Std.) wenig unterhalb des Gipfels, der in etwa 15 Min. hin und retour zu erreichen ist. Im Rifugio gibt es übrigens Literatur zu Pflanzen und Ökosystem der Landschaft, an den Wänden hängen Plakate mit den geschützten Pflanzen des Trentino. Wie auf den meisten Trentiner Schutzhütten ist man umweltbewusst und sieht sich als Erhalter unseres gemeinsamen Naturerbes. Auch und gerade deshalb sind wir gerne hier oben. Nicht nur wegen des ausgezeichneten Rehgulaschs mit Polenta.

Der Rückweg führt zunächst auf dem Hinweg bis zum untersten Ende

Von Santa Barbara auf den Monte Stivo

Südalpine Wildtulpe

der Wiesen **Le Prese** (3.30 Std.), wo wir schon im Aufstieg das Schild »Castil 608« gesehen haben, das uns jetzt den Weiterweg zeigt (an der Gabelung nach rechts). Nach kurzer Wiesenquerung beginnt der Weg zu sinken und erreicht einen Waldstreifen, der im Abstieg gequert wird. An der **Ruine Castil,** die wir nach etwa 20 Min. erreichen, führt ein Fahrweg nach links und Fußweg 608 hinunter zum Wiesengelände der **Malga Castil** (4 Std.). Dort geht es nach links auf einen ehemaligen Fahrweg – es kann nass sein, da mehrere Quellbereiche gequert werden – und über Wiesen und durch Wald unmarkiert hinüber in Richtung Santa Barbara, wo wir wieder auf das Sträßchen treffen, das wir für den Aufstieg genommen hatten. Wir gehen nach rechts und sind in wenigen Minuten zurück am Ausgangspunkt in **Santa Barbara** (4.30 Std.).

Beerenklau? Eine Anleitung

Vielleicht sind Ihnen im Aufstieg Felsenbirnensträucher und Latscheninseln mit Türkenbund und begleitenden Steinbeeren aufgefallen. Die letzteren sind nicht die einzigen Beeren, die man auf diesem Blumen- und Beerenberg findet. Sie wissen nicht, wie eine Steinbeere aussieht? Auf dem Nordhang wachsen sie massenhaft: ein niedriger Strauch, die Blätter der Himbeere und eine Sammelfrucht von der Farbe der Himbeere, doch glasig-durchsichtig. Wo die Himbeere zwanzig oder dreißig kleine Früchtchen in einer Einzelbeere hat, bringt es die Steinbeere gerade auf zwei oder drei. Aber was hat sie doch für einen herrlichen Geschmack, zart säuerlich und fruchtig! Man darf nur nicht in die Kerne beißen, die ›Steine‹, deren hoher Tanningehalt den Genuss stören würde.

Etwas tiefer liegt die Region der Kroatz- oder Kratzbeere, die wie eine ganz fein bemehlte Brombeere aussieht und allemal besser schmeckt. Daneben steht die wohlbekannte Himbeere, tiefer liegt das Brombeerreich, und an höheren Standorten steht die hier allerdings fast geschmacklose Preiselbeere, ganz zu schweigen von der Heidelbeere und ihrer hellen Verwandten, der Rauschbeere. Noch nicht genug? Dann folgen Sie uns noch einmal in die Gipfelzone, wo im geschützten Nordhang der hohe, gelb blühende Kies-Steinbrech mit seiner dicken Blattrosette wächst. Hier gibts die feine, rote Moosbeere und die schwarze Krähenbeere mit bärlappähnlichem Stamm. So, jetzt sind die Sammelbehälter voll und der Rückweg kann beginnen.

Bergsturz und Riesenkochtöpfe

Die Bergsturzzone Daine und die Gletschermühlen Marmitte dei Giganti zwischen Tòrbole und Nago

Das Ndufer des Gardasees bietet oberhalb Tòrbole und Nago spektakuläre Aussichtsplätze umgeben von mediterraner Vegetation wie Steineiche und Terebinthe. Bergrutschzonen und Gletschermühlen zeugen von der eiszeitlichen Vergletscherung.

DIE WANDERUNG IN KÜRZE

Anspruch: ++

Gehzeit: 4 Std.

An-/Abstieg: 600 m

Charakter: Leichte, aber wegen der Steilheit anstrengende Wanderung auf manchmal sehr steinigen Wegen. Tiefe Blicke auf den Gardasee und eine Panoramasicht auf die Berge des Alto Garda, die Landschaft am Nordende des Sees

Wanderkarte: Monte Baldo, Blatt Nord

Ausrüstung: Trinkwasser

Einkehrmöglichkeiten: Gaststätten in Tòrbole und Nago, unterwegs keine

Anfahrt: Mit dem PKW: Tòrbole liegt an der Gardasee-Uferstraße und ist über Nago mit der Autobahnabfahrt »Lago di Garda Nord« verbunden. **Mit dem Bus:** Busverbindungen ab Riva, Verona/Garda und Trento/Rovereto, die letzten Busse gehen recht früh, besonders an Sonntagen. **Mit dem Schiff:** Tòrbole wird von allen Gardaseeschiffen angesteuert, die den Nordteil des Sees befahren, die ersten Schiffe aus den in der Südhälfte gelegenen Orten treffen aber erst sehr spät am Vormittag ein.

Jahreszeit: Ganzjährig; Aufstieg an Nord-, Abstieg an der Westseite, wegen der Hitze am steilen Felshang jedoch nichts für den Hochsommer!

Auf einer Wandertour, während der der See meist gegenwärtig sein soll, beginnt man natürlich am besten am See selbst, also am alten **Hafen von Tòrbole**. In der uferparallelen Hauptstraße der Altstadt steht das Hotel »Centrale«, wo man die rechts davon beginnende, hangaufwärts führende Straße einschlägt. Nach 250 m geht es an einer Gabelung nach rechts in die alte Straße nach Nago, die **Strada Santa Lucia** (Schilder »Passeggiata Santa Lucia«). Das gepflasterte Maultiersträßchen führt durch Ölbaumhaine unter den Felsen der Ruine Penedè hinauf nach **Nago** (30 Min.). Wo dieses Sträßchen in die Via Monte Baldo einmündet, befindet sich links in einem Torbogen ein Durchgang (Marmorschild »Al Castello«) zu den Gärten des **Castel Penedè**. Man folgt dem Trimm-dich-

Pfad bis zu den Ruinen der Burg, weiter durch den Park und im Rechtsbogen zum nördlichen Ausgang bei den eindrucksvollen Befestigungen aus der Zeit vor dem Ersten Weltkrieg (Nago war grenznahe österreichische Festung). Bei der hier erreichten Kreuzung gehen wir nach links auf einen Kinderspielplatz (Windmühle!) an den Resten einer alten Wassermühle neben einem Kanal mit kaltem, klarem Wasser. Hier beginnt ein Feldweg durch die Ölbaumterrassen, der nach kurzer Parallelführung mit der Asphaltstraße wieder in den Ölbaumhain zurück und hinunter zu den **Marmitte dei Giganti** (45 Min.) führt.

Marmitte dei Giganti? Riesenkochtöpfe? Die Bezeichnung ist wesentlich plastischer als unsere wissenschaftlich angehauchte »Gletschermühle«. Die tiefen Kessel im Felsen entstanden an Stellen, wo inner- und unterhalb eines Gletschers Wasser aus großer Höhe in eine Ausnehmung des Untergrundes stürzte, um dort Steine und Geschiebe in rasante Drehung zu versetzen. Langsam, langsam, was sind schon tausend Jahre, entstand ein kreisrunder Kessel, der sich immer tiefer in das Muttergestein hineinbohrte. Die Marmitte von Nago sind gut zugänglich, eine von ihnen auf einer steilen Eisenleiter; man sollte es sich nicht entgehen lassen, sie zu besichtigen!

Zurück nach **Nago** nehmen wir denselben Weg, gehen aber bei der Kreuzung an der Durchgangsstraße geradeaus in den alten Ort hinein und dort auf dem schmalen Hauptsträßchen in Richtung Tòrbole nach rechts zur Via Monte Baldo, die wir schon auf dem Hinweg passiert haben (1.10 Std.). Diesmal wählen wir die Via Monte Baldo und erreichen nach ca. 250 m bei der **Kapelle San Giuseppe** einen Fahrweg (Schilder »Sentiero della Pace«). An einem Haus vorbei geht es in den Wald, der Weg steigt an, und wir erreichen eine Gabelung. Hier geht nach links der Sentiero della Pace ab, unser Wanderweg führt rechts und zunächst unmarkiert weiter, etwas höher finden sich dann rot-weiße Markierungen und die Nr. 632. Wir folgen dem Weg durch die grandiose Felssturzzone der **Daine**, berühren an einer Stelle fast eine Straßenkurve, an der sich links beliebte Kletterfelsen befinden.

Die Gletscher ließen nach ihrem Rückzug vor 12 000 Jahren allerorten steile Talwände zurück, die nach und nach abbrechen. Besonders spektakulär sind die riesigen Felssturzmassen bei Drena im Sarcatal nördlich von Arco, die man von der Tour auf den Monte Biaìna aus gut sieht (s. Tour 4). Die Entstehung der Daine kann noch nicht lange zurückliegen, die Brocken liegen immer noch herum, als ob es gestern gekracht hät-

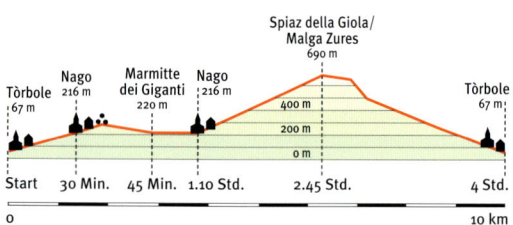

Zwischen Tòrbole und Nago

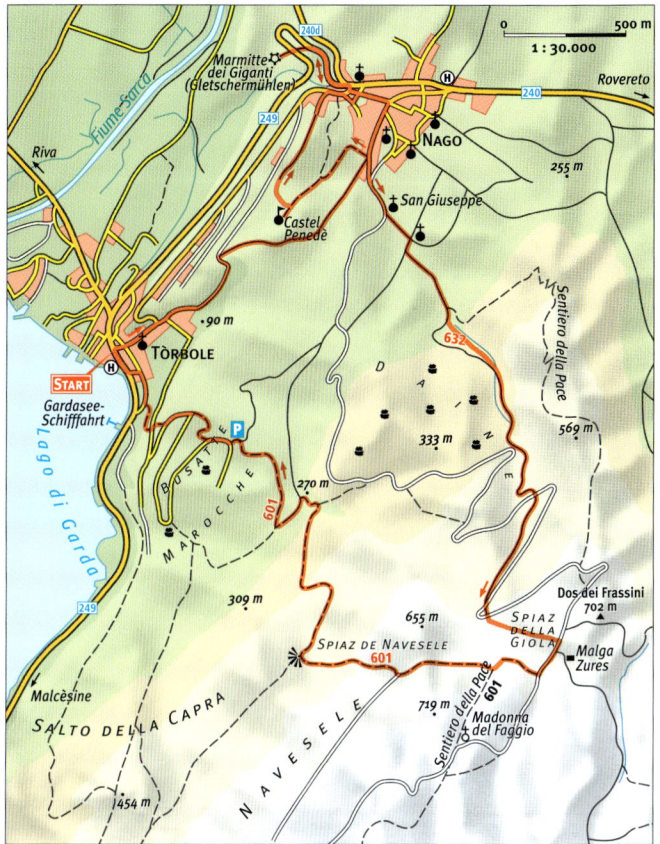

te. Übersehen Sie daneben nicht die interessante, mediterran bestimmte Vegetation: Steineiche, Flaumeiche, Manna-Esche, Hopfenbuche, Terebinthe, Wacholder, einige Kiefern, darunter Mäusedorn. Besonders im Herbst fällt der Perückenstrauch durch seine leuchtend rot gefärbten runden Blätter auf.

Weiter oben quert der Weg zweimal die Straße, bevor er eine Hochebene erreicht, **Spiaz della Giola** genannt, deren schattiger Hochwald eine willkommene Abkühlung bietet (2.45 Std.). Ein paar Stufen führen zur Asphaltstraße und zur Malga Zures (auf die Straße mündet auch der Sentiero della Pace, der etwa 15 Min. länger dauert). Wir folgen der Straße nach rechts bis knapp vor den Waldrand, wo wir rechts einen Fahrweg einschlagen (Schranke). Nach ca. 300 m mündet von links ein Pfad mit rot-weißer Markierung ein, es ist Weg 601, dem wir ab hier bis Tòrbole folgen. Achtung! 5 Min. später verlässt der markierte Weg den Fahrweg und schlägt sich als schmaler Fußweg nach rechts in die Büsche, und wir mit ihm! Kurz darauf errei-

Blick auf das Surferparadies Tòrbole

chen wir eine Kante (2.50 Std.), ab der es zunächst in Geländestufen, dann durchgehend steil zum See hinuntergeht. Noch verläuft der Weg durch Hochwald, im Juni blüht hier viel Türkenbund. Dann aber, bei einer weiteren Geländekante und am Beginn eines kurzen, nach rechts abwärts führenden Hohlwegstückes, erreichen wir einen herrlichen Aussichtspunkt, der **Spiaz de Navesele** (3 Std.) genannt wird (wie die gesamte Waldzone oberhalb). Der ganze Alto Garda liegt vor uns, direkt zu unseren Füßen Tòrbole, man erkennt Riva und Limone, die Rocchetta über Garda, den Monte Misone, den Monte Carone, das ganze Berg-Amphitheater dieses herrlichen Golfes am Südrand der Alpen.

Steil führt der Weg hinunter durch mediterranen Strauchwald, die abschüssigen Felsplatten »Salto della Capra« auf der linken Seite, was soviel wie »Ziegensprung« heißt, sind durch die Vegetation meist verdeckt. Im unteren, schon etwas flacheren Teil, den Marocche, fallen große Felsbrocken auf, die von einem Bergsturz herrühren. Wir kommen im Siedlungsbereich Busatte bei einem großen Parkplatz heraus, die Markierung führt weiter auf die asphaltierte Straße, verlässt sie nach rechts und erreicht sie erneut, um auf einer Treppenflucht in den Stadtpark von **Tòrbole** und zum See hinunter zu führen (4 Std.). Wie dankbar ist man besonders an heißen Nachmittagen, dass irgendein Menschenfreund die Eismaschine erfunden hat, sodass es am Lungolago einige Gelaterien gibt ...

Auf den ›Höchsten Berg‹

Vom Monte Varagna oberhalb Nago und Tòrbole auf den Monte Altissimo

Er ist zwar nicht der höchste Gipfel des Monte Baldo-Massivs, dieser ›Monte Altissimo‹, aber durch seine isolierte Position wirkt er eindrucksvoller als die Konkurrenz. Auf den Almen berührt man einige der schönsten und einsamsten Wiesen des Bergzugs.

DIE WANDERUNG IN KÜRZE

++ Anspruch

5 Std. Gehzeit

550 m An-/Abstieg

Charakter: Technisch leichte, aber im Hochgebirge verlaufende Wanderung auf guten Wegen und Steigen, streckenweise etwas ausgesetzt in steilen, felsdurchsetzten Grashängen

Ausrüstung: Wasser an einer Quelle 15 Min. von der Malga Campo, sonst kein Trinkwasser unterwegs

Wanderkarte: Monte Baldo, Blatt Nord

Einkehrmöglichkeiten und Unterkunft: Rifugio Damiano Chiesa (Mitte Juni bis Sept., Winterraum, ✆ 04 64 86 71 30), Rifugio Graziani (✆ 04 64 86 70 05)

Anfahrt: Mit dem PKW: - Nago-Tòrbole liegt an der Gardasee-Uferstraße und ist über Nago mit der Autobahnabfahrt »Lago di Garda Nord« verbunden. Zum Startpunkt der Tour nimmt man die Via Monte Baldo ab Nago und fährt bis zum Ende dieser Straße; kein öffentlicher Verkehr. **Mit dem Bus:** Busverbindungen nach Tòrbole ab Riva und Verona/Garda, nach Nago und Tòrbole ab Rovereto/Trento. Zum Start der Tour zu Fuß. **Zu Fuß:** Die Wegmarkierung 601, die man auf Tour 6 zum Abstieg nach Tòrbole nützt, führt direkt zum Ende der Straße und zum Beginn dieser Tour (bis zum Ausgangspunkt 2.30 Std. ab Nago-Tòrbole oder Nago, im Abstieg 2 Std.; Übernachtung empfohlen).

Jahreszeit: Sommer und Herbst (meist bis Dez.)

In **Nago** oberhalb Tòrbole fährt man die Strada Monte Baldo, die am südlichen Ortsrand beginnt, und folgt ihr bis zu ihrem Ende in den **Prati di Nago** in ca. 1560 m Höhe. Da es kaum Parkmöglichkeiten gibt, evtl. zwei Kurven tiefer parken. Ein deutlich rot-weiß markierter und mit Schild (»Monte Varagna Monte Altissimo 601«) versehener Weg führt vom Ende der Straße südlich weiter zu **Schulter östlich des Monte Varagna**, wo Schilder eine Weggabelung kennzeichnen (30 Min.), hier gehen wir

Vom Monte Varagna auf den Monte Altissimo

nach rechts. Der Gipfelaufbau des Monte Altissimo ist erstmals zu sehen. Man blickt aber auch hinunter in die Wiesenzone des Val del Parol, ein herrliches Almengebiet, das wir auf dem Rückweg durchqueren werden. Nach einer Scharte südlich des Monte Varagna steigt der Weg durch Bergwald zu einer von Wiesen und Weiden überzogenen Hochebene, dem Monte di Nago. Vom Fuß des direkt vor uns liegenden Gipfelaufbaus des Monte Altissimo geht es auf leider schlechtem, weil ausgewaschenem Weg hinauf zum **Rifugio Damiano Chiesa** ein paar Meter unter dem Gipfel des **Monte Altissimo di Nago** (1.45 Std.).

Was für ein Ausblick! Der Altissimo steht ziemlich isoliert, deshalb hat man ihn früher für den höchsten (*altissimo*) Gipfel der Baldo-Kette gehalten: Brescianer Alpen, Adamello und Presanella, Brenta, Monte Stivo und Bondone, Caregagruppe, Piccole Dolomiti, Pasubio sind zu sehen. Nur das Wetter muss mitspielen: Im Sommer ist es am Gardasee oft wochenlang diesig und die Sicht sehr begrenzt. Dann sieht man von hier aus nicht einmal den See, geschweige denn die genannten Berge. So bleibt als Trost die freundliche, mit hellem Holz getäfelte Hütte, wo man es in der Übergangszeit schön warm hat. Deftiges Trentiner Essen und entsprechender Wein verstehen sich von selbst. Das schmeckt auch all denen, die vom Rifugio Graziani auf dem bequemen Fahrweg heraufgewandert sind (eine Teilstrecke von Tour 8).

Vor der Hütte beginnt der Wanderweg 622 hinunter nach San Giacomo, dem wir bis zur Malga Campo folgen werden. Er quert den Nordgipfel des Monte Altissimo und wendet sich dann auf den östlichen, gegen Norden steil abfallenden Rücken. An der **Bocca Paltrane**, 250 m tiefer und eine halbe Stunde später, wendet sich der Weg nach rechts und erreicht durch die schönen Wiesen Pra delle Versini die **Alm Campo** (2.30 Std.). Kurz davor teilt ein Wegweiser mit, dass wir uns auf dem Weg zu den Almen »M. Campei M. Varagna« befinden. Zwischen den Almgebäuden der Malga Campo hindurch wird der stark verkrautete flache Almboden erreicht, die Fahrstraße von der Bocca del Creer und vom Rifugio Graziani zur Alm, der wir ein paar Meter weit gefolgt sind, endet wieder (2.30 Std.). Jenseits des flachen Bodens verläuft der Weg kurze Zeit auf einer alten Kriegsstraße – Kavernen, Hausruinen und andere Relikte des Ersten Weltkriegs sind zu sehen. Heute wohnen hier Murmeltiere und tummeln sich zwischen den Pfingstrosen.

Ein paar Meter tiefer beginnt der aussichtsreiche Weg durch die Bergwiesen des Monticello zu den Campei-Almen. Fast ohne Niveauverän-

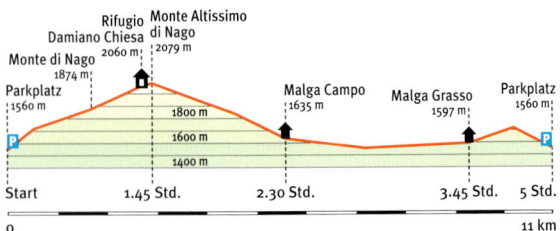

Vom Monte Varagna auf den Monte Altissimo

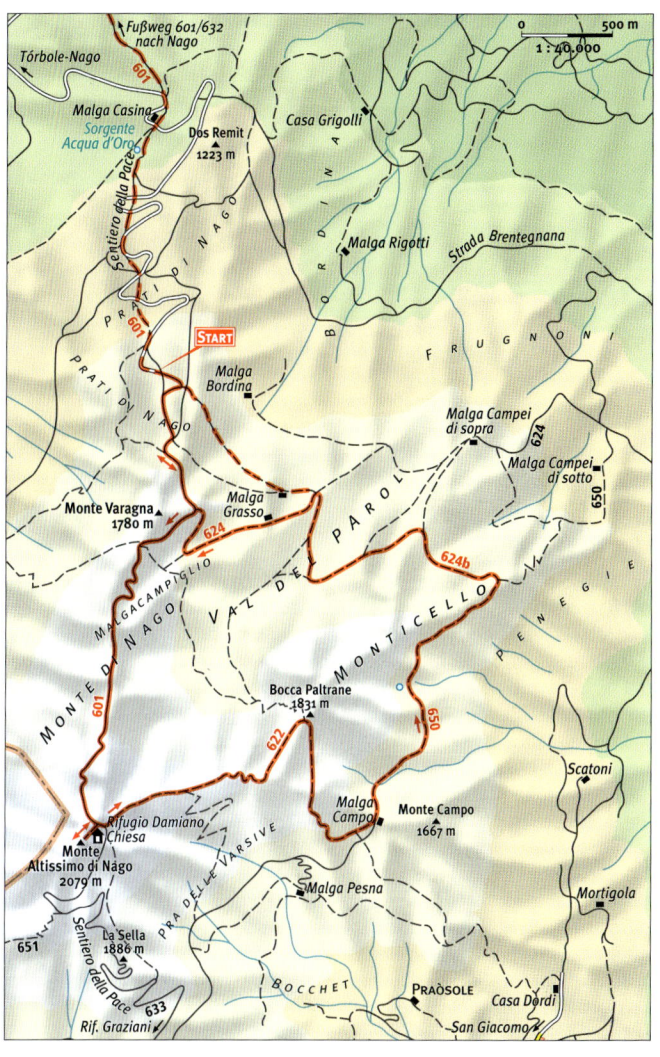

derung quert er die steilen Hänge, die im zweiten Teil von Dolomitfelsen durchsetzt sind und eine gewisse Ausgesetztheit aufweisen (Kinder an die Reepschnur!). Auf halbem Weg liegt ein paar Meter höher eine gefasste **Quelle** mit herrlich kaltem Wasser, der ideale Rastplatz mit Tiefblick auf Vallagarina, die Orte Brentònico und Rovereto und das Panorama der Berge jenseits der Etsch zwischen Caregagruppe und Pasubio.

Die Almböden des Val del Parol kündigen sich mit einem Buchenwald an, durch den man die Felsen-

Vom Monte Varagna auf den Monte Altissimo

Durch die Bergwiesen des Monticello führt der Weg zu den Campei-Almen

zone des **Monticello** überwindet und nach Westen verlässt (3.15 Std.). Hinweisschilder zeigen den rechts abzweigenden Weg zur Malga Campei di sotto und nach Festa an. Wir gehen links weiter auf Weg 624 b in Richtung Monte Varagna. Nach einem kurzen Waldstück öffnet sich die Szenerie, üppige Wiesen mit vielen Orchideen und Polstern von Almrausch werden gequert, im Norden sieht man nun den Monte Stivo und den Bondone, rechts davon die auffällige Gestalt des Monte Biaena. Die Almböden füllen zwei eiszeitliche Gletscherkare, die übereinander gebildet wurden, der obere Boden liegt auf ca. 1870 m, der untere, den wir durchqueren, auf 1500 bis 1600 m. Ein sanfter Anstieg führt nach links, jetzt blickt man wieder auf den Gipfelaufbau des Monte Altissimo, das Val del Parol wird gequert, und ein kurzer, etwas steilerer Anstieg führt zu einer verfallenen Alm, der **Malga Grasso** (3.45 Std.). Das oberste der Gebäude ist noch intakt, es ist ganz klassisch mit den grauen Platten eines Kalksteins gedeckt, der meist in den Monti Lessini jenseits der Etsch gewonnen wird, der Pietra di Brun. Neuere Almgebäude sind oft sehr lieblos und traditionslos gedeckt, man freut sich hier, dass es noch Beispiele für die alte Bauweise gibt.

Rechts von diesem Gebäude führt eine Abkürzung durch den Wald zur Asphaltstraße des Hinweges, der Weg ist besonders im Mittelteil schlecht zu finden, es ist sinnvoller, weiter auf der Markierung zu bleiben. Diese führt ab der Alm weiter den Bergrücken hinauf, gewährt noch ein paar schöne Blicke hinunter auf die Wiesen des Val del Parol und hinauf zum Monte Altissimo und erreicht dann unter der Schulter des Monte Varagna die Gabelung des Hinweges. In einer Viertelstunde sind wir dann wieder am Ausgangspunkt in den **Prati di Nago** (5 Std.), wahrscheinlich mit leisem Bedauern, dass diese schöne Tour bereits zu Ende ist.

Das 360-Grad-Panorama

Von der Bergstation der Seilbahn an der Bocca Tratto Spin auf den Monte Altissimo, den nördlichsten Gipfel des Baldo-Kamms

Blumenwiesen und Aussichtsberge, Tiefblicke auf den Gardasee und südalpine Bergpanoramen: die Wanderung von der Bocca Tratto Spin auf den Monte Altissimo ist eine Tour, die man jedes Jahr und zu jeder Jahreszeit wiederholen möchte.

DIE WANDERUNG IN KÜRZE

Anspruch: +

Gehzeit: 5 Std.

An-/Abstieg: 950 m

Charakter: Leichte Bergwanderung auf guten Wegen und Steigen

Wanderkarte: Monte Baldo, Blatt Nord

Ausrüstung: Trinkwasser

Einkehrmöglichkeiten: Bar und Trattoria Baita dei Forti an der Bergstation, Capanna La Yadira auf der Colma di Malcèsine, Sommergasthaus an der Bocca di Navene (Juni bis Mitte Sept., ✆ 04 57 40 17 94), Rifugio Graziani (✆ 04 64 86 70 05), Rifugio Damiano Chiesa (Mitte Juni bis Sept., Winterraum, ✆ 04 64 86 71 30)

Anfahrt: Mit dem PKW: Malcèsine liegt an der östlichen Gardasee-Uferstraße; alternativ können das Rifugio Graziani und die Bocca di Navene vom Etschtal aus (Autobahnabfahrt Ala/Avio) auf einer kurvenreichen Asphaltstraße erreicht werden. **Mit dem Bus:** Malcèsine hat mehrmals täglich Busverbindungen mit Riva und Verona. **Fahrzeiten der Kabinenbahn:** Von Malcèsine tägl. 8 bis je nach Saison 17, 18 oder 19 Uhr (außer März, Nov. und 1. Hälfte Dez.; letzte Talfahrt vorab erfragen). Morgens muss man an schönen Tagen mit starkem Andrang und langen Wartezeiten rechnen, auch wegen der vielen Mountainbiker und Paraglider, die diese einzige Kabinenbahn am See benutzen (Fahrt 8.15 Uhr nur für Mountainbiker!).

Von der **Bergstation der Seilbahn,** etwas oberhalb der **Bocca Tratto Spin,** wendet man sich nach links auf den Kamm und quert den lang gestreckten Wiesenrücken der Colma di Malcèsine bis zum Ende, wo er abrupt abbricht, um das prächtige Panorama des Alto Garda freizugeben (20 Min.): Unter uns liegt das schmale Nordende des Gardaseefjordes, man sieht die Orte Riva und Tòrbole, zwischen ihnen den Tortenstückberg Monte Brione. Arco und sein Burgberg sind zu erkennen, links steigt die Rocchetta von Riva steil aus dem See empor, rechts be-

Von der Bergstation der Seilbahn auf den Monte Altissimo

grenzt der von hier aus abrupt zum See abstürzende Monte Altissimo das Blickfeld. Und über dem See die Kulisse der Trentiner Bergriesen: Im Nordwesten der Adamello und rechts davon der Carè Alto, Schauplatz der – neben dem Ortler – höchstgelegenen Kämpfe zwischen Österreichern und Italienern im Ersten Weltkrieg. Rechts vom Carè Alto sieht man noch einmal Gletscherberge, das ist die Presanella, die ebenfalls 3500 m Höhe erreicht. Ein weiteres hohes, vergletschertes Gebirge, in hellerem Farbton, liegt genau im Norden, die Brenta. Ihr höchster Gipfel, die fast 3200 m hohe Cima Tosa, ist gut zu erkennen. Im Osten, schon rechts vom Monte Altissimo, sieht man ganz fern die Berge, die das Hochplateau der Sieben Gemeinden im Norden begrenzen, rechts davon sind der Pasubio zu erkennen, und die Cima Posta, die höchste Erhebung der Lessinischen Alpen.

Bis hierher schaffen sie es alle, die reinen Spaziergänger wie die Bergwanderer. Dann trennen sich die Wege, die einen gehen zurück zur Seilbahn (wobei sie meist fünf Minuten davor schwach werden und sich an der wirklich hübsch gelegenen Capanna La Yadira ein Hefeweizen gönnen), die anderen, also wir, nehmen den Steig, der hier nach rechts hinunter führt. In den Wiesen blühen

u.a. Kohlröserl und die seltene Orchidee Traunsteinera Globosa, Gelber Enzian und die weiße Trich-

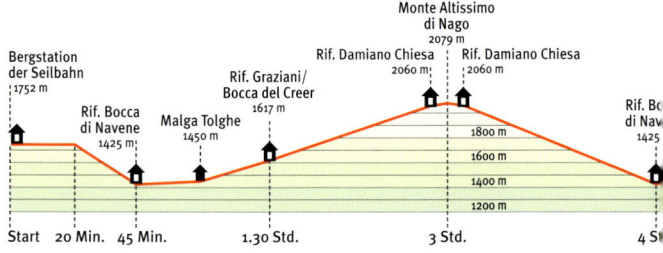

Von der Bergstation der Seilbahn auf den Monte Altissimo

terlilie – natürlich nicht oben neben dem Trampelpfad, sondern hier im steilen Abstieg.

Unten erreicht man ein Schottersträßchen, es verbindet die Bergstation mit der Bocca di Navene, der tiefen Scharte zwischen dem Monte Altissimo, der sich eindrucksvoll vor uns aufbaut, und dem eigentlichen Baldo-Kamm hinter uns. Wir folgen ihm kurz, der Weg durch die Cime di Ventrar bleibt links. In der ersten Rechtskurve des Sträßchens gehen wir geradeaus auf einem markierten Waldweg weiter, der uns hinunterführt zur **Bocca di Navene,** wo uns die Auto-Wanderer, die sich auf der Terrasse vor dem Sommergasthaus

Von der Bergstation der Seilbahn auf den Monte Altissimo

Paraglider auf der Colma di Malcèsine, im Hintergrund der Monte Altissimo

ausruhen, wie Wesen von einem anderen Stern bestaunen (45 Min.).

Auf der anderen Straßenseite beginnt ein Wanderweg, der ein paar Meter abwärts führt, und dann in einen flachen Querweg mündet. Ein Schild kündet 1 Stunde Gehzeit zur Bocca del Creer, so lange werden wir wahrscheinlich nicht brauchen. Also nach links und durch Wald – einige herrliche, uralte Rotbuchen! – zu den Kuhweiden der **Malga Tolghe,** die wir unter uns lassen. Der Fahrweg, auf dem wir uns nun befinden, bleibt links. Ein Schild und rot-weiße Zeichen weisen auf einen Fußweg, der sich in Richtung der **Bocca del Creer** zwischen Monte Altissimo (links) und Corna Piana (rechts) bewegt, wo wir jenseits der Asphaltstraße das **Rifugio Graziani** erreichen (1.30 Std.). Viel Auto- und Motorradpublikum, die vom Etschtal heraufkommende Straße, die als Strada Generale Graziani östlich des Baldo-Kamms nach Caprino weiterführt, ist besonders bei letzteren populär.

Links von der Hütte beginnt der Fahrweg hinauf zum Gipfel des Monte Altissimo oder eigentlich zum Ri-

fugio Damiano Chiesa, das ein paar Meter tiefer liegt. Der flache Fahrweg zur Malga Campo (er verbindet mit Tour 7) bleibt rechts, wie 20 Min. später der Abstiegsweg zur Bocca di Navene, vorläufig! Das Rifugio Damiano Chiesa bietet sich an für eine große Pause, und vom Gipfel des **Monte Altissimo** (3 Std.) können wir wieder Rundblicke erster Klasse genießen.

Der Rückweg verläuft zunächst auf dem Fahrsträßchen des Hinwegs, zweigt aber nach der ersten Haarnadelkurve nach rechts ab und führt markiert als Weg 651 über die steilen Wiesen Laste di Tolghe zur Bocca di Navene hinunter. Die Aussicht auf die Baldo-Kette ist unvergleichlich. Man erreicht die Asphaltstraße, folgt ihr etwa 700 m bis zur **Bocca di Navene** (4 Std.) und nimmt entweder den Fußweg des Hinweges oder, etwas leichter, das zur Bergstation der Seilbahn führende, nach weiteren 300 m rechts abzweigende (und für den Autoverkehr gesperrte) Schottersträßchen. Die Seilbahn von der **Bocca Tratto Spin** (5 Std.) fährt je nach Saison nur bis 17, 18 oder 19 Uhr (s. S. 43).

Geschütztes Blumenparadies

Von San Valentino durch das Naturschutzgebiet Corna Piana zum Rifugio Graziani

Wenn der Monte Baldo »Garten Europas« genannt wird, dann sicher vor allem wegen dieser geschützten Blumenwiesen auf zwei Kalkplateaus unter dem Monte Altissimo, den Corne di Bes und der Corna Piana.

DIE WANDERUNG IN KÜRZE

++
Anspruch

3 Std. Gehzeit

500 m An-/Abstieg

Charakter: Bergwanderung auf guten Wegen und Steigen. Wegen des etwas ausgesetzten Steiges »Sentiero delle Vipere« mit seiner gesicherten Stelle mittelschwer, die Variante ohne diesen Steig ist leicht.

Wanderkarte: Monte Baldo, Blatt Nord

Ausrüstung: Evtl. Reepschnur und Karabiner für einfache Sicherung

Einkehrmöglichkeiten: Bars und Trattorien in San Valentino, Rifugio Graziani (☎ 04 64 86 70 05), Baita Fos-Ce (Juni bis Sept. und an Wochenenden, ☎ 04 64 68 49 46)

Anfahrt: Mit dem PKW: Asphaltstraße von Mori westlich Rovereto (Autobahnabfahrt »Lago di Garda Nord«) über Brentònico nach San Valentino. Keine öffentlichen Verkehrsverbindungen.

Literatur: Über die Blumen und Pflanzengesellschaften der Corna Piana informiert das Buch »Guida Botanica della Riserva Bes-Corna Piana« von F. Festi und F. Prosser (erhältlich z. B. im Rifugio Graziani und in der Baita Fos-Ce).

Unter der Pyramide des Monte Altissimo liegen die blumenübersäten Wiesenplateaus von Corna Piana und Corne di Bes. Der natürliche Alpengarten liegt zwischen 1500 und 1736 m hoch und ist Pflanzenschutzgebiet. Unser Wanderweg durchmisst ihn zwar in allen Rich-

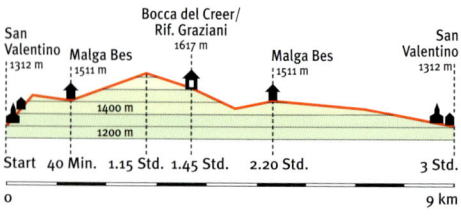

Von San Valentino durch das Naturschutzgebiet Corna Piana zum Rifugio Graziani

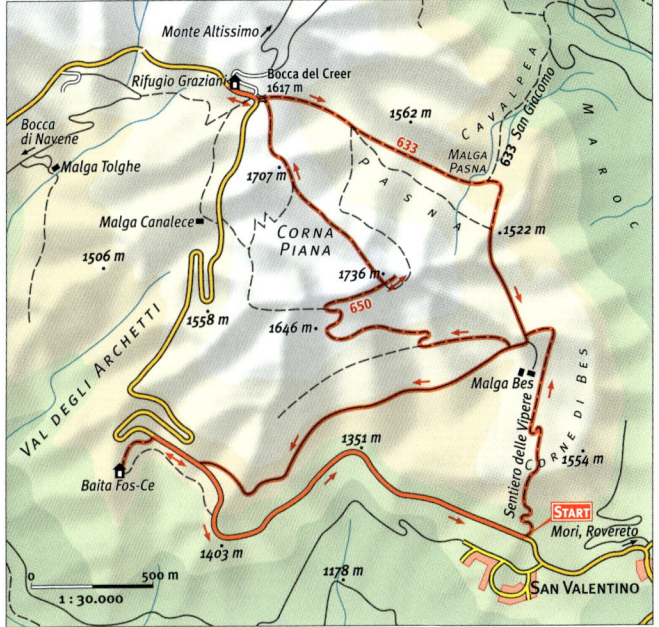

tungen, ist aber dennoch nur Anregung, Aufforderung, Hinweis auf eigenes Entdecken. Trotz der nahen Straße hält sich die Zahl der Besucher in Grenzen, zum einen, weil der nahe Baldo lockt, und zum anderen, weil die meisten, kaum dem Auto entstiegen, erschöpft in den Rasen sinken und den Picknickkorb auspacken, samt Rotwein, Parmaschinken und Trauben fürs Dessert.

Die Wanderung beginnt am Westende des Erholungsortes **San Valentino**, wo ein Schild auf Weg 650 und (nach 20 m auf diesem Weg) auf den »**Sentiero delle Vipere**« weist, hier finden sich auch einige Parkplätze. Der »Vipernweg« entpuppt sich als auf kurzer Strecke gesicherter Weg durch die steilen Schrofen über dem Ort, die das Wiesenplateau der Corne di Bes tragen. Wer gesicherte Wege nicht gewöhnt und nicht schwindelfrei ist, meide den Steig oder lasse sich an der Reepschnur nach oben dirigieren. Kinder sind von solchen Abenteuern begeistert, gehören aber ebenfalls an die Reepschnur. Wer sich den Weg nicht zutraut, beginnt die Wanderung bei der Baita Fos-Ce und nimmt dort den Weg zur **Malga Bes,** den wir als Rückweg benutzen, dadurch wird die Wanderung insgesamt leicht und ist etwas kürzer (von/bis Baita Fos-Ce 2.15 Std.).

Ein paar Kehren führen zur Oberkante des Steilstücks, die Böden der **Malga Bes** auf den Corne di Bes sind erreicht (40 Min.). Der Weg führt rechts an den Almgebäuden vorbei und um sie herum, bevor er sich für 100 m auf den Zufahrtsweg der Alm wendet und dann nach rechts in den Wiesenhang abzweigt. Am Hang wird der markierte Weg deutlicher,

Von San Valentino durch das Naturschutzgebiet Corna Piana zum Rifugio Graziani

Blick über das Naturschutzgebiet Corna Piana

man erkennt, dass er ehemals ein Fahrweg war. Wo der Felsabbruch des obersten (zweiten) Plateaus erreicht wird, geht es oberhalb an einer Gabelung nach rechts, der Fels ist von Kriegsstellungen durchsetzt, die sich bis zum höchsten Punkt hinziehen, der **Corna Piana** (1.15 Std.).

Irgendwann geht man nach der geruhsamen Rast doch weiter, und wenn es deswegen ist, weil der Magen knurrt. Also auf, ein Stückchen zurück, dort nach rechts zur Fortsetzung des Weges. Dieser führt schwach, aber erkennbar in eine von Latschen und Almrausch bestandene Delle, steigt noch einmal kurz an und fällt dann abrupt zur **Bocca del Creer** und dem Rifugio Graziani ab, wo sie schon mit dem warmen Essen und den kalten Getränken warten (1.45 Std.).

Der Weiterweg nutzt den Abstieg von der Bocca del Creer nach San Giacomo mit Weg 633, der unmittelbar vor der Hütte in der Anstiegsrichtung nach rechts erfolgt (nach links geht es, wie in Tour 8 angegeben, zur Bocca di Navene); Schilder erleichtern die Entscheidung. Der Weg wird gerne von Mountainbikern genutzt, was leider viele Steine gelockert hat; das Gehen ist dadurch wenig angenehm. Aber wir bleiben nur kurz auf diesem Weg: nach 15 Min. haben wir die Stelle erreicht, wo Weg 633 die **Alm Pasna** verlässt und durch ein steiles Tal nach links weiterläuft. In dieser Linkskurve, von Weg 633 führt ein nicht sehr deutli-

Von San Valentino durch das Naturschutzgebiet Corna Piana zum Rifugio Graziani

Endemiten auf der Corna Piana

Viele der Pflanzen auf der Corna Piana sind Endemiten, auf dieses Gebiet, auf die Südalpen oder gar, wie die Kernersche Schmuckblume, auf den Monte Baldo beschränkt. Der Bereich des Baldo war zumindest während der letzten Eiszeit teilweise nicht vergletschert, hier konnten sich zahlreiche voreiszeitliche Pflanzen erhalten, deren Standort anderswo durch das Eis vernichtet wurde. Auf dem isolierten, freistehenden und mit dem Südfuß der Poebene entsteigenden Bergmassiv gab es zudem fast immer eine unvergletscherte Verbindung zwischen der Ebene im Süden und der Gipfelzone. Die Pflanzen konnten also bei kühler werdenden Temperaturen nach unten, bei Erwärmung nach oben ›rücken‹.

Auf der Corna Piana können wir sie bequem von unserem Rastplatz aus sehen, die vielen südalpinen Kostbarkeiten dieser Region: die quirligen Fruchtstände der Monte-Baldo-Anemone neben den kleinen kugelförmigen Blütenständen der Traunsteinerschen Orchidee, die roten Blüten der Feuerlilie und die weißen, waagrecht vom Stamm abstehenden der Paradieslilie, die bis über einen Meter hohen Gelben Enziane, deren Köpfe goldgelb leuchten von den vielen kleinen Einzelblüten, die Bergflockenblumen, die Büschel der Pfingstrosen und viele mehr. Und natürlich das gelbe Läusekraut mit seinen spiralig wachsenden Blüten, das so aussieht, als ob man es als Flaschenöffner gebrauchen könnte. Lassen Sie sich ruhig Zeit. Was versäumt man schon?

cher Steig nach rechts die 50 m auf einen Rücken hinauf, von dem es eben weiter geht (ab Alm Pasna bis zur Malga Bes keine Markierung!). Nach ein paar Minuten sehen wir die Almhütten vor uns liegen und haben nach weiteren 5 Min. die **Malga Bes** erreicht (2.20 Std.).

Hier begeben wir uns auf den bei den Almgebäuden beginnenden Fahrweg und folgen ihm weiter bis zur Asphaltstraße. Dort führt ein kurzer Abstecher nach rechts zur **Baita Fos-Ce,** wo der Trentiner Alpenverein eine sehenswerte Informationsstelle über das Naturschutzgebiet Corna Piana eingerichtet hat. Auf ebendieser Straße geht es dann wieder zurück und zügig hinunter nach **San Valentino** (3 Std.).

Grenzgänge

Von der Bergstation der Seilbahn an der Bocca Tratto Spin zur Cima Valdritta mit Abstieg über Piombi zur Mittelstation

Die hochalpine Gratwanderung auf dem Rücken der Baldo-Kette führt zu deren höchstem Gipfel, der Cima Valdritta. Nur wenige Wanderer steigen durch das einsame Valdritta-Kar zu den Almen und Mähwiesen über Malcèsine ab.

DIE WANDERUNG IN KÜRZE

Anspruch: +++

Gehzeit: 6.30 Std.

Anstieg: 500 m

Abstieg: 1700 m

Charakter: Lange, meist einsame, anstrengende, aber technisch wenig anspruchsvolle Bergtour in hochalpinem Gelände auf guten, im Abstieg stellenweise steinigen Wegen und Steigen; Trittsicherheit und Schwindelfreiheit Voraussetzung.

Ausrüstung: Wasser nur an der Quelle im Abstieg bei La Guardia nach 5 Std. Gehzeit; Teleskopstöcke für den langen Abstieg

Wanderkarte: Monte Baldo, Blatt Nord

Einkehrmöglichkeiten: Bar und Trattoria an der Bergstation der Seilbahn und nach Ankunft an der Mittelstation, keine auf dem Weg

Anfahrt: Mit dem PKW: Malcèsine, der Talort der Seilbahn, liegt an der östlichen Gardasee-Uferstraße. **Mit dem Bus:** Malcèsine hat mehrmals täglich Busverbindungen mit Riva und Verona. **Fahrzeiten der Seilbahn:** Von Malcèsine tägl. 8 bis je nach Saison 17, 18 oder 19 Uhr (außer März, Nov. und 1. Hälfte Dez.), morgens an schönen Tagen starker Andrang und lange Wartezeiten, auch wegen der vielen Mountainbiker, die die einzige Kabinenbahn am See benutzen. Es empfiehlt sich bei der Länge der Tour, die erste Bahn um 8 Uhr zu nehmen. Letzte Talfahrt von der Mittelstation morgens erfragen!

An der **Bergstation der Seilbahn** halten wir uns rechts (südlich) und erreichen, nachdem wir das Gasthaus Baita dei Forti und einen Abstiegsweg zur Mittelstation und nach Malcèsine passiert haben, die Scharte **Bocca Tratto Spin**, nach der die Bergstation benannt ist. Jenseits führt Weg 651 gut markiert und stetig ansteigend auf den Rücken der Baldo-Kette. Bei etwa 1950 m Höhe erreichen wir nach langer Wiesensteigung die Krummholzzone und noch vor der aussichtsreichen **Cima delle Pozzette** (1.15 Std.) den alpinen Kurzrasenbereich. Bis hierher

Von der Bergstation zur Cima Valdritta über Piombi zur Mittelstation

trifft man noch einige Seilbahntouristen, dann sind die Bergwanderer unter sich. Der Weg führt südlich in eine schrofige Scharte und steigt auf der anderen Seite in die Felsen oberhalb des steil eingeschnittenen Kares des Valle d'Angual, das uns vom nächsten Berg, der Cima del Longino, trennt. Die Querung einer schrägen, von Schotter überzogenen Platte ist etwas unangenehm, aber durch eine Sicherung entschärft.

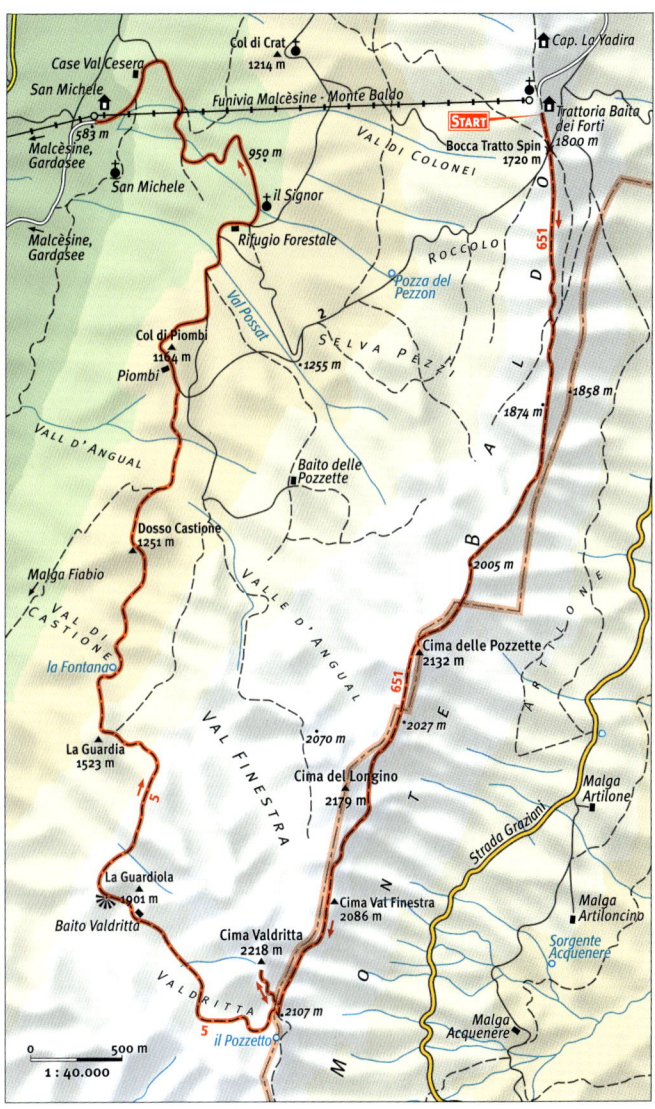

Von der Bergstation zur Cima Valdritta über Piombi zur Mittelstation

Auf dem Monte Baldo, unweit der Bocca Tratto Spin

Wir queren die Osthänge der Cima del Longino und wandern auf schmalem Steig in leichtem Auf und Ab, an der einen oder anderen Stelle die Hände zu Hilfe nehmend, bis zu einer **Scharte** südlich der Cima Valdritta (2.45 Std.).

Ein alter Kriegssteig führt an Kavernen und Unterstandsruinen vorbei in einer halben Stunde auf den Gipfel der **Cima Valdritta** und zurück. Die Besteigung des höchsten Gipfels der Baldo-Kette verspricht bei schöner Fernsicht visuelle Genüsse, bei sehr

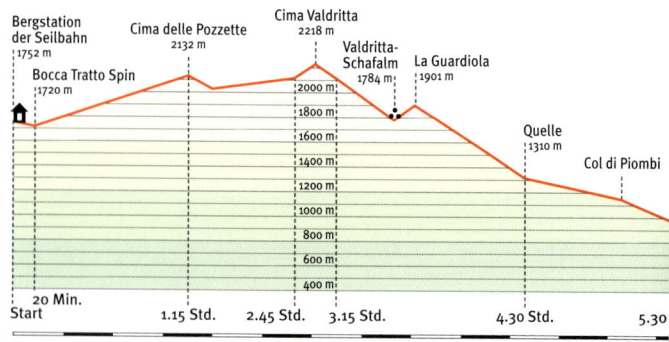

diesigem Wetter kann man auf Grund der Länge der Tour getrost auf den Abstecher verzichten. Hat man jedoch Fernsicht, sieht man vielleicht 2150 m tiefer den Seespiegel. Kreisende Dohlen spekulieren darauf, dass man ihnen ein paar Nüsse zuwirft. Dann darf man sich schon ein wenig zurücklehnen, die Augen zumachen und so tun, als ob man nie wieder irgendwelche Pflichten hätte.

Zurück an der **Scharte** (3.15 Std.) geht es mit Weg 5 nach rechts hinunter in das großartige Valdritta-Kar (und aus dem Trentino zurück nach Venetien – die Grenze verläuft hier direkt auf der Wasserscheide). Im Kar liegt der Altschnee oft bis in den Spätsommer, wer recht früh ankommt, kann noch – vorsichtig – ›hinunterfahren‹, später Kommende müssen durch weicheren Schnee stapfen. Am Ausgang des Kares führt der Weg nach rechts und etwas aufwärts. Unter einem Überhang liegen die in den Felsen gebauten Reste der **Valdritta-Schafalm** (Baita Valdritta). Wie auch anderswo hat man hier Schafen und Ziegen die höchsten, kärgsten Almböden zugemutet. Die Schafalmen sind am Baldo Vergangenheit, der letzte Schäfer ging 1988 mit 70 Jahren in Pension. Solche Bauten wie die Schafalm vor uns waren nicht für einen längeren Aufenthalt gebaut, sondern als Notunterkünfte bei Wetterstürzen.

Am Hang entlang geht es auf eine kleine Schulter und zu einer großartigen Aussichtsterrasse, die nicht umsonst **La Guardiola** heißt, der »Kleine Ausguck« oder auch die »Kleine Wache«. Immer noch befinden wir uns 1700 m über dem See. Seitdem Teile des Monte Baldo zum Schutzgebiet erklärt wurden und die Jagd stark eingeschränkt wurde, gibt es wieder Wildtiere, die ganz oder fast ausgestorben waren, wie die Gämse, die hier häufig zu sehen ist. Ende der 1950er Jahre wurde zwar der letzte Adler des Baldo erlegt, doch inzwischen werden immer wieder Adler beobachtet, die sich neu angesiedelt haben und den Aufwind

San Michele/
Mittelstation
der Seilbahn
563 m

6.30 Std.

16 km

der Baldo-Westseite über dem warmen See nutzen, um sich hochzuschrauben, völlig geräuschlos, völlig schwerelos, wie es scheint.

Nun geht es nach rechts hinunter, immer markiert, zunächst ziemlich eben, dann mäßig bis sehr steil, aber unproblematisch, von einigen hohen Tritten abgesehen. Dort, wo wir ein kurzes ebenes Stück erreichen, das oberhalb eines steil eingeschnittenen Felsentobels quert, der zum See hinunterführt (Val di Castione), zweigt links ein schmaler Fußweg ab, und zwar an der Stelle, wo wir den steilen Einschnitt wieder verlassen. Dieser Fußweg führt unter die Felsen zu einer klaren, kalten **Quelle** (4.30 Std.), der einzigen dieser Tour!

Weiter geht es durch Wald, eine ziemlich ebene Waldquerung folgt, Weg 9 zur Malga Fiabio bleibt links, und nach einem weiteren Waldstück steht man auf der Lichtung des kleinen Plateaus **Col di Piombi**, wo neben dem Forsthaus eine Bank zum Ausruhen einlädt. Nun wandern wir auf einem Fahrweg weiter, steil hinunter durch den Wald, von rechts kommt im Talboden oberhalb eines Forsthauses ein alter gepflasterter **Maultierschlittenweg** herunter (5.30 Std.). Man folgt ihm nach links und schlägt 500 m nach der Unterquerung der Seilbahn einen nach links führenden, schmalen und holprigen Fußweg ein (Schild), der in wenigen Minuten auf die Terrasse von **San Michele** führt und zur **Mittelstation der Seilbahn** (6.30 Std.).

Die alte österreichisch-italienische Grenze am Monte Baldo

Die Baldo-Kette war zwischen dem Monte Altissimo di Nago und der Cima Valdritta seit dem Mittelalter bis 1918 Grenzgebiet. Noch heute folgt ihr der Grenzverlauf zwischen Venetien und der Autonomen Region Trentino-Südtirol. Während die Almen an der Colma di Malcésine und östlich davon zu Venetien gehörten, waren die Almen unter dem Monte Altissimo und östlich der Cima Valdritta, also der ganze Almenkranz um die Madonna de la Neve (s. Tour 21), im Verband des Deutschen Reiches. Malcésine war direkter Besitz der Republik Venedig, wenn auch teilweise selbstverwalteter Ort, die Almen im Osten des Kammes gehörten zu den Vier Vikariaten, die 1509 an das Hochstift Trient kamen und unter den Einfluss Tirols und der Habsburger. Die Grenze verlor nach den napoleonischen Kriegen an Bedeutung, weil damals Venetien an Österreich fiel; nach dessen Anschluss an das neue Königreich Italien (1866) war hier oben bis zum Ersten Weltkrieg wieder Grenze. Einen Gebirgskrieg 1915–1918 hat es nur am Monte Altissimo gegeben – die Österreicher räumten kampflos den äußersten Südteil ihrer Welschtiroler (Trentiner) Besitzungen aus strategischen Gründen, und die Italiener rückten nach. Drei Jahre lang standen sie sich dann zwischen Monte Altissimo (Italien) und Monte Stivo (Österreich-Ungarn) gegenüber. Die Stellungen und Laufgräben auf der Cima Valdritta sind also italienische Stellungen an der ehemaligen Staatsgrenze.

Überschreitung des Monte Baldo-Kammes

Panoramaweg über dem See

Tour 11

Überschreitung des gesamten Monte Baldo-Kammes zwischen Bocca Tratto Spin und Costabella

Standardtour, Klassische Tour, Panoramatour, Traumtour: die Große Wanderung entlang des Baldo-Kammes zwischen Gardasee und Etschtal ist ein Muss für alle Wanderer in den Gardasee-Bergen, die sich in hochalpinem Gelände sicher bewegen können.

DIE WANDERUNG IN KÜRZE

+++
Anspruch

5.30 Std.
Gehzeit

500 m
Anstieg

450 m
Abstieg

Charakter: Anstrengende, aber technisch einfache Tour in hochalpinem Gelände, gute Wege, Steige und ehemalige Kriegsstraßen; Trittsicherheit und Schwindelfreiheit erforderlich; Vorsicht bei Altschneeresten im Frühsommer!

Ausrüstung: Wasser; im Frühsommer Kurzpickel

Wanderkarten: Monte Baldo, Blätter Nord und Süd

Einkehrmöglichkeiten/Unterkunft: Bar, Trattoria an Bergstation der Seilbahn von Malcèsine, Rif. Telègrafo (Juni-Sept., ☏ 04 57 13 17 97), Rif. Fiori del Baldo (Feb. und Nov. geschl., ☏ 04 56 86 24 77), Rif. Chièrego (Juni-Sept. ☏ 02 30 24 78 33)

An-/Rückfahrt: Mit dem PKW: Malcèsine, der Talort der Seilbahn, liegt an der Gardesana orientale. **Mit dem Bus:** Mehrmals täglich von/nach Riva und Verona. **Rückfahrt:** Abstieg über Dosso dei Cavalli (s. Tour 18), wo man einen Abholer oder ein Taxi hin bestellen kann, sonst auf der Straße weiter nach Prada (Taxi Garda ☏ 04 56 27 03 31 oder 34 72 20 30 54, ab Garda häufig Busse nach Malcèsine). Ab Prada Weg 33 nach Porto di Brenzone bzw. 34 nach Marniga, je ca. 2 Std. Abstieg ab Prada Alta. Der Abstieg auf dem ehem. Weg 659 vom Rif. Telègrafo ist aus Naturschutzgründen gesperrt. Alternativ: Weg 654 ab Rif. Telègrafo nach Assenza oder Cassone (im oberen Teil s. Tour 19, im unteren Teil s. Tour 13!).

Fahrzeiten der Seilbahn: Von Malcèsine tägl. 8 bis je nach Saison 17, 18 oder 19 Uhr (außer März, Nov. und 1. Hälfte Dez.), morgens oft Wartezeiten. Es ist ratsam, die erste Bahn um 8 Uhr zu nehmen. Die Seilbahn auf die Costabella ist seit Sommer 2006 wieder in Betrieb!

Hinweis: Der Abstieg von der Costabella (verschiedenen Varianten) ist in der Gehzeit nicht eingeschlossen! Übernachtungsmöglichkeit im Rif. Chièrego oder im Rif. Fiori del Baldo.

Überschreitung des Monte Baldo-Kammes

Von der **Bergstation der Seilbahn** halten wir uns nach rechts und erreichen, nachdem wir das Gasthaus Baita dei Forti und einen Abstiegsweg zur Mittelstation und nach Malcèsine passiert haben, die **Scharte Bocca Tratto Spin**, nach der die Bergstation benannt ist. Jenseits geht es auf Weg 651 gut markiert und stetig ansteigend auf den Rücken der Baldo-Kette. Nach Passieren der **Cima delle Pozzette** (1.15 Std.) führt der Weg in eine schrofige Scharte und steigt auf der anderen Seite in die Felsen oberhalb des steil eingeschnittenen Kares des Valle d'Angual, das uns vom nächsten Berg trennt, der Cima del Longino. Die Querung einer schrägen, von Schotter überzogenen Platte ist etwas unangenehm, aber durch eine Sicherung entschärft.

Wir queren die Osthänge der Cima del Longino und wandern auf schmalem Steig in leichtem Auf und Ab, an der einen oder anderen Stelle die Hände zu Hilfe nehmend, bis zu einer **Scharte** südlich der Cima Valdritta (2.45 Std.). Ein alter Kriegssteig führt an Kavernen und Unterstandsruinen vorbei in einer halben Stunde auf den Gipfel der **Cima Valdritta** und zurück. Von der Scharte (3.15 Std.) geht es auf einer gut erhaltenen Kriegsstraße weiter auf Weg 651, eine unmittelbar anschließende Passage durch Steilgelände kann bei Altschneeresten in den kühlen Morgenstunden Schwierigkeiten machen – ein Kurzpickel tut dann gute Dienste, selbst Leichtsteigeisen sind in der frühen Jahreszeit (Mai und Juni) angenehm. Der breite Weg bleibt immer östlich des Kammes, Trampelpfade leiten auf den eigentlichen Kamm, den einen oder anderen sollte man nützen, die Ausblicke sind atemberaubend – wenn es nicht gerade wieder diesig ist. Nach der Abzweigung eines Weges hinunter zur Strada Graziani (s. Tour 20) blickt man nach Westen in das weite Kar der Vallarga, im Süden begrenzt von der Punta Pettorina, die wir wieder im Osten (links) umgehen. Ein weiterer Weg zweigt nach links hinunter ab (vgl. ebenfalls Tour 20), und kurz darauf zeigen Schilder an, dass wir, wenn wir einen reichlich ausgetretenen Pfad nach rechts nehmen, zum Rifugio Barana und der Punta Telègrafo kommen. Also nach rechts und zum Rifugio Barana, meist **Rifugio Telègrafo** genannt, wenig unter der **Punta Telègrafo,** die auch als Monte Maggiore bekannt ist (4.30 Std.). Nahebei liegt ein Bergkirchlein, der Abstieg in das Doppelkar des Telègrafo bzw. Valle delle Pré (s. Tour 19) führt daran vorbei.

Vom Schutzhaus quert man mit dem schmalen Weg 657 über steile Bergwiesen und ein paar Schrofen zu einer nur wenig tiefer gelegenen

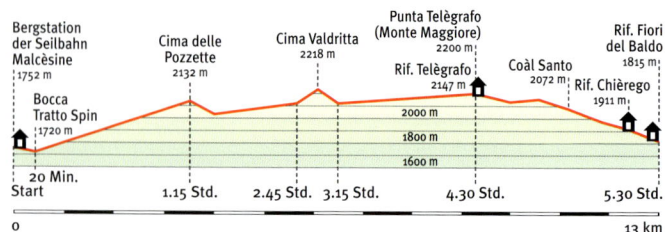

58

Überschreitung des Monte Baldo-Kammes

Scharte jenseits des großen Kares, wo man wieder auf den hier mit 658 gekennzeichneten Hauptweg über den Baldo-Kamm trifft. Ihm folgen wir weiter auf der Kriegsstraße zum Passo del Cammino (kurzer Anstieg) und zur **Kuppe Coàl Santo.** Über blumenreiche Wiesenhänge (hier wachsen z. B. die im Massiv des Monte Baldo endemischen Kernerschen Schmuckblumen) geht es hinunter zur **Bocchetta del Coàl Santo,** dann rechts weiter auf dem breiten Weg oder links etwas schneller durch sehr steile Wiesenhänge zum **Rifugio Chièrego,** das wegen seiner prominenten Lage am hier rasch abfallenden Rücken oberhalb des Wiesenhanges der Costabella sogar vom See her auszumachen ist. In ca. fünfzehn Minuten ist das gemütliche **Rifugio Fiori del Baldo** (5.30 Std.) erreicht, wo man sich vor dem langen Abstieg stärkt oder übernachtet.

Überschreitung des Monte Baldo-Kammes

Wanderer auf der Colma di Malcèsine, im Hintergrund der Baldo-Kamm

Pflanzen und Felsformen entlang des Baldo-Kammes

Von der Bocca Tratto Spin aus wandert man nach Süden über blumenreiche Almwiesen, deren Blütezeit von Mai bis Oktober andauert. Zwischen den Trollblumen des Frühlings und den Enzianen des Herbstes blühen im Hochsommer zahllose Orchideen, besonders häufig die wohlriechende Händelwurz, daneben das schwarze und das rote Kohlröserl, das Weißzüngel, die Hohlzunge und vor allem die durch Unscheinbarkeit geschützte Zwergorchis, ein nur bis zu fünf Zentimeter niedriges Pflänzchen mit winzigen grünen Blüten. Die große Kostbarkeit des Monte Baldo, die auf sein Bergmassiv beschränkte Kernersche Schmuckblume, blüht schon im Mai in diesen Wiesen, sehr früh und Gänseblümchen-unscheinbar, eine Versicherung gegen ihre Ausrottung, besser als alle Schutzmaßnahmen.

Wenn man höher kommt, bestimmen immer stärker Polsterpflanzen wie die Silberwurz das Bild, und in Felsspalten findet man weiß und rot blühende Fingerkräuter, aber auch die herrlichen Blütenkronen der Schopfigen Teufelskralle. Gelber Petergstamm leuchtet in unerreichbaren Felsnischen und die rotviolette Schmuckprimel auf kleinen Rasenstücken.

In der lockeren Vegetation ist die Form der Felsen besser zu erkennen, man stellt fest, dass es sich um dichte Bänke von Kalkfels handelt, die steil zum Gardasee hin abfallen, wo-

Überschreitung des Monte Baldo-Kammes

gegen sie zum Etschtal hin, also in unserer Gehrichtung nach links, gekappt sind. Tatsächlich handelt es sich bei der Gebirgsform des Monte Baldo um eine gekappte, übergekippte Falte, ein kompliziertes tektonisch-morphologisches Phänomen, dessen Aufbau man während einer Wanderung kaum begreifen kann, weswegen wir es bei diesem Hinweis bewenden lassen. Weiterwandernd entdeckt man unter dem Gipfelaufbau der Cima Valdritta steinerne Türme und Säulen, es sind Reste von dolomitisierten Korallenriffen, die hier aus dem weicheren Kalk des ehemaligen Meeresbodens herausgeformt wurden.

Auf der Gardaseeseite reiht sich Kar an Kar, Hängegletscher um Hängegletscher der Eiszeit dokumentierend, während auf der Etschtalseite, die auf Grund ihrer Ostlage wesentlich trockener war und ist, diese Kare fast völlig fehlen. Noch heute sind die Kare bis weit in den Sommer hinein schneegefüllt. Eines von ihnen, das Vallarga-Kar, soll sogar im 19. Jh., während der ›Kleinen Eiszeit‹, ewigen Schnee enthalten haben. Diese Hängegletscher der Eiszeit haben übrigens den 1500 m tiefer fließenden Gardaseegletscher nicht erreicht, sodass an den Flanken und am Südfuß des Berges ein eisfreier Gürtel erhalten blieb, wo viele Pflanzen überleben konnten, die anderswo ausgestorben sind.

Nach dem Rifugio Telègrafo wird die Landschaft wieder grüner: Beim Rifugio Chièrego tritt man schließlich auf den herrlichen Wiesenrücken der Costabella hinaus, von wo aus man die ganze Poebene überblickt, an sichtfreien Tagen bis zu den fernen Bergen der Apenninen schauen kann. Kühe und Pferde weiden hier, runde Wasserlöcher, die *pozzi*, blitzen auf, und wieder sind viele Blumen – Enzian, Kohlröserl, Pfingstrose, Türkenbund, Feuerlilie – zu finden. Auf anderen Wiesen dieser Höhenlage, so etwa östlich unterhalb der Bocca Tratto Spin und an vielen Stellen des Giro delle Malghe (Tour 21) dominieren die hochstämmigen gelben Enziane, deren Wurzeln man früher wie in Bayern und Österreich für den Enzianschnaps ausgegraben hat (selten bekommt man auch heute noch eine mit Enzianwurzel versetzte Grappa angeboten. Öfter wird Waldmeister verwendet – er stammt aus den Buchenwäldern des Monte Baldo). Langsam geht man hinunter – durch Buchenwald, die Zonen der Esskastanien, der Flaumeichen, den Ölbaumgürtel – bis an den spiegelnden See.

Zur Zweisiedelei

Tour 12

Von Cassone zur Einsiedelei SS. Benigno e Caro und zur Malga Fiabio

Steile Wege führen auf die Mähwiesen oberhalb Cassone und Malcèsine. Von oben genießt man dann die weiten Blicke über den Gardasee, wie schon vor 1200 Jahren die heiligen Einsiedler Benigno und Caro.

DIE WANDERUNG IN KÜRZE

Anspruch: ++

Gehzeit: 4 Std.

An-/Abstieg: 800 m

Charakter: Wegen der Steilheit der alten Maultierwege anstrengende Wanderung im unteren Hangbereich, meist durch Wald; bei Regen Rutschgefahr auf der alten Pflasterung

Ausrüstung: Wasser im Tälchen nördlich unterhalb des Eremo, der Weg beginnt direkt bei der Kirche (ca. 20–25 Min.).

Wanderkarte: Monte Baldo, Blatt Nord

Einkehrmöglichkeiten: Keine

Anfahrt: Mit dem PKW: Cassone liegt südlich Malcèsine an der östlichen Gardasee-Uferstraße. **Mit dem Bus:** Mehrmals täglich Busverbindungen von Cassone nach Malcèsine/Riva und Garda/Verona. **Mit dem Schiff:** Schiffsverkehr nach/von Malcèsine zu allen wichtigen Gardasee-Uferorten im Sommerhalbjahr (Mai–Sept.).

In Cassone enspringt der Ri (oder Aril), der – wie es heißt – kürzeste Fluss der Welt, er bringt es nur auf 80 m zwischen Karstquelle und Mündung in den See. *Vaucluse* nach einem provenzalischen Ort nennen Forscher solche Quellen mit starker Schüttung, der Blautopf im schwäbischen Urach ist ein enger Verwandter. Nichts Ungewöhnliches also unter Kalkgebirgswanderern, aber wenn man auf der Brücke der Gardesana steht und auf der einen Seite die Quelle, auf der anderen (fast) die Mündung sieht, darf man schon beeindruckt sein.

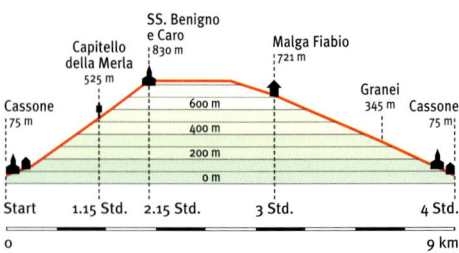

Von Cassone zu SS. Benigno e Caro und zur Malga Fabio

Von der Bushaltestelle in **Cassone** an der Gardesana führt die Via Chiesa an der neuen Pfarrkirche vorbei zur alten Dorfstraße und zum (alten) Pfarrplatz. Hier beginnt gegenüber ein mit der Ziffer 31 und Schild »Eremo S. Benigno« bzw. »Sommavilla« markiertes, alt gepflastertes Sträßchen, Weg 9 zur Malga Fabio, unser Abstiegsweg, ist links angegeben. Wir folgen Weg 31, am Ortsende bei Gabelung rechts, das Sträßchen wird steiler und in einer S-Kurve zweigt Weg 31 ab, er führt nach Sommavilla weiter. Unser (betonierter) Weg steigt nun durch Ölbaumhaine an, es geht zunächst noch recht moderat bergauf. Nach dem Weiler Fichet erreichen wir den Wald, der Weg wird steiler und schmaler. Eine Rast bei einem **Bildstock** (1.15 Std.), dem Capitello de la Merla, erlaubt den Blick in die tiefe Schlucht Vallone degli Ossi unter uns und zum ersten Mal auf den See und die jenseitigen Uferorte und Berge, vor allem die schiere 600-m-Wand des Monte Castello mit der auf der linken Schulter balancierenden Wallfahrtskirche der Gottesmutter.

Weiter geht es in steilen, aber zügig zu gehenden Serpentinen, immer in der Nähe der Felsabstürze, in Richtung Schlucht. Endlich erreichen wir eine Wiese, eine Aussichtsterrasse, drei riesige, altehrwürdige – an die 200 Jahre alte – Rotbuchen und Gebäude: die **Einsiedelei SS. Benigno e Caro** (2.15 Std.).

Im strengen Wortsinn handelt es sich um eine Zweisiedelei, denn der heilige Benigno, der 807 den Leichnam des Veroneser Stadtheiligen Zeno überführt hatte, wohnte hier zwar sehr zurückgezogen, aber nicht allein. Tatsächlich lebte er mit einem seiner Schüler zusammen, dem heiligen Caro, wer will es ihm verdenken, es ist ja wirklich sehr einsam hier oben. Die Bilder der beiden Heiligen in der Pfarrkirche von Malcèsine zeigen äußerst würdige Herren. Benigno und Caro sind heute noch stark beschäftigt: als Erdbebenheilige haben sie in einer Zone, wo der Boden sehr häufig, wenn

Von Cassone zu SS. Benigno e Caro und zur Malga Fabio

Die Einsiedelei SS. Benigno e Caro

auch selten stark wackelt, alle Hände voll zu tun. Wie am 24. November 2004, als in Gardone, Salò und anderen Orten der gegenüber liegenden Seite des Gardasees die Wände wackelten und in einigen Fällen einstürzten – mit Schäden bei 3600 Gebäuden, deren Behebung mindestens 200 Mio. Euro kosten wird. Dass es keine Opfer unter der Bevölkerung gab, ist wohl der Fürsprache der beiden Heiligen zu verdanken. Aber so ganz will man sich am See auf die beiden nicht verlassen: Auf den Tag genau ein Jahr nach der Katastrophe wurde am 24. November 2005 auf dem Monte San Bartolomeo über Salò eine hochmoderne seismographische Station aufgestellt. Kann ja nicht schaden.

Auf dem beim Kirchlein beginnenden Fahrweg gelangt man zur Panoramastraße oberhalb Malcèsine, wir folgen ihm bis zur Malga Fiabio. Zunächst wird ein dunkles Waldtal gequert, es folgen ab einem Bildstock eine fast ebene Hangquerung und ein weiteres Tal. Unmittelbar danach führt rechts ein gesperrter Wanderweg in Richtung Rifugio Telègrafo, Tierschutz fungiert vor Wanderer-Interessen. Plötzlich öffnet sich der dichte Wald und die Mähwiesen der **Malga Fiabio** auf ihrer schrägen Aussichtsterrasse erscheinen vor uns (3 Std.). Am anderen Wiesenende steht rechts ein Bildstock, der das Gnadenbild der Madonna della Corona auf der etschnahen Seite des Monte Baldo zeigt. Unterhalb liegt das Almgebäude, das sich heute im Besitz der Forstverwaltung befindet und nicht mehr genutzt wird. Beim Haus stehen einige Kirschbäume, die offensichtlich nicht mehr gepflegt und abgeerntet werden. Die Wiesen, die noch vor ein paar Jahren reich an Blumen waren, verkrauten, weil sie nicht mehr gemäht werden. Die Aussicht, die den ganzen Bergbogen zwischen Monte Pizzòcolo auf der linken und Rocchetta di Riva auf der rechten Seite umfängt, tröstet darüber nur teilweise hinweg.

Für den Abstieg geht man vom Bildstock 100 m zurück bis zu einer Stelle, wo ein Weg abwärts in die Wiesen führt, er ist rot-weiß markiert, ein Schild nennt »Cassone 1.15 Std.« und »Malcèsine 1.20 Std.«. Durch eine Wegverlegung mit Gegenanstieg stimmt die zweite Angabe nicht mehr (2 Std.) – leider werden in Italien immer wieder siedlungsnahe Wegstücke verlegt, da es kein Durchgangsrecht für Wanderer gibt, wie es in Deutschland, Österreich und der Schweiz existiert. Die Gemeinden haben keine Chance gegen die Grundbesitzer; wie in den USA gilt ein fast absolutes Nutzungsrecht für das Grundstück.

Zurück zum Schild! Der Weg führt kurz durch Wiesen, linker Hand steht ein einsames Haus. Dann folgt Buchenwald, der Weg sinkt rasch. Nach 20 Min. öffnet sich erstmals ein Ausblick auf Cassone, dann nimmt uns der Wald wieder auf, der aber, je tiefer man kommt, desto lockerer wird. 10 Min. später mündet unterhalb einer Felsrippe ein Weg von rechts, der nach Malcèsine führt und umständlich über den Dosso Nago zur Panoramastraße gelegt wurde. Also gehen wir lieber links auf unserem Weg weiter hinunter nach Cassone. Noch im Wald erreichen wir die wilde Felssturzzone der **Granei,** die zur Ölbaumzone überleitet, der sehr steile Weg gibt sich zivilisiert und betoniert, was zwar die Füße nicht mögen, aber die Allradfahrzeuge der bäuerlichen Anlieger und Sommerhausbesitzer. Nur noch ein Katzensprung, dann sind wir wieder in **Cassone** (4 Std.) und können uns im Anblick des an der Straße aufgestauten Ri in einem Café erfrischen.

›Nordlichter‹ und der Gardasee

Wenn man dort oben sitzt, etwas unterhalb der Kirche der Einsiedelei SS. Benigno e Caro, zwischen den Pfingstrosen, die in großen Büscheln in der Wiese stehen, sieht man von weit unten den See leuchten wie ein silberner Spiegel. Im Süden, wo die steilen Flanken des Monte Baldo im Dunst zerfließen, ist kein Horizont zu sehen. Der See scheint in die Unendlichkeit erweitert, ein südliches Meer. Man möchte sich ausdrücken, malen, dichten können, nicht nur mechanisch aufzeichnen. Der in der Sonne glitzernde See, Zypressen, Ölbaumhaine, die früher häufigen Limonaien (Zitronengärten), wie muss das alles gewirkt haben, als es noch keine schnellen Verkehrsmittel gab, als man nur einmal in seinem Leben, wenn man das Vermögen und die Zeit dazu hatte, in den Süden fuhr, tage-, wochenlang über die Alpen unterwegs war, bis man endlich das Land der Sehnsucht erreicht hatte!

Der klassische Italien-Reisende, Johann Wolfgang Goethe, erreichte den See am 12. September 1786 bei Tòrbole und einen Tag später Malcèsine, das für ihn zu jenem berühmten Abenteuer in der Burg führte, das nicht auch wir noch erzählen müssen. In Malcèsine fühlte er sich »in der unendlichen Einsamkeit dieses Erdwinkels ganz allein« – man denkt an das geschäftige Malcèsine von heute und seufzt. Goethe hat den See übrigens durchaus nicht so idyllisiert, wie das die Prospekte der örtlichen Fremdenverkehrsvereine gerne hätten, er beschreibt die Gefahren der Schifffahrt auf dem See, er beschreibt die reizvollen Ufer, er berichtet, »aber es lag mir noch eine herrliche Naturwirkung an der Seite, ein köstliches Schauspiel, der Gardasee, den wollte ich nicht versäumen, und bin herrlich für meinen Umweg belohnt«, doch gerät er nicht ins Schwärmen.

Dürers Aquarell vom Burgfelsen in Arco von 1495 betont den südlichen Charakter der Landschaft, die Ölbäume zwischen den Felsen, eine Darstellung des Gardasees hat sich nicht erhalten. Vielleicht hat ihn der See so wenig beeindruckt wie das Meer, das er in den Niederlanden und in Venedig kennengelernt hat, auf seinen Bildern tauchen sie jedenfalls nicht auf. In einem Brief, den Anselm Feuerbach am 16. Juni 1855 an die Mutter schrieb, drückt er so recht die Gefühle der Reisenden aus, die aus dem kühlen Norden endlich am südlichen See angekommen sind: »Das Sarcatal war das Schönste, ganz italienisch, da fühlte ich zuerst, wie man Italien malen müsse. ... Abends lagen wir im Fenster des Gasthofes in Riva, da lag der Gardasee im Mondschein und wir fragten, wachen oder träumen wir ...«.

Von Assenza auf die Mähwiesen Zovel und Brione

Maggenghi mit Panorama

Tour 13

Von Assenza auf die Mähwiesen Zovel und Brione

Früher lebten die Bauernfamilien zweimal im Jahr auf den Maggenghi, den Mähwiesen auf halbem Wege zwischen Seeufer und Almen. Heute sind die Maggenghi entweder über Zufahrtssträßchen erschlossen oder verlassen und einsam.

DIE WANDERUNG IN KÜRZE

Anspruch: ++

Gehzeit: 5.30 Std.

An-/Abstieg: 1000 m

Charakter: Einfache, aber wegen des Höhenunterschieds im An- und Abstieg nicht zu unterschätzende Wanderung auf guten bis etwas steinigen Maultiersträßchen und Wegen

Ausrüstung: Trinkwasser

Wanderkarte: Monte Baldo, Blatt Süd

Einkehrmöglichkeiten: Keine

Anfahrt: Mit dem PKW: Assenza liegt südlich Malcèsine an der östlichen Gardasee-Uferstraße. **Mit dem Bus:** Assenza hat mehrmals täglich Busverbindung mit Malcèsine/Riva und Garda/Verona. **Mit dem Schiff:** Schiffsverkehr nach/von Malcèsine zu allen wichtigen Gardasee-Uferorten im Sommerhalbjahr (Mai-Sept.).

In **Assenza,** wo einigermaßen akzeptable Parkmöglichkeiten für PKW bestehen (eine Rarität am Seeufer) beginnt am Pfarrplatz unmittelbar links der Pfarrkirche Wanderweg 654 hinauf nach Sommavilla. Die Wegführung nutzt eines der vielen Maultiersträßchen, die die Seeorte mit den höher gelegenen Dörfern verbinden, es ist heute asphaltiert. Im Dorf **Sommavilla** kurz rechts und beim Lebensmittelladen weiter auf die nach links und bergan führende Via della Pace. Sie ist mit den Nummern 30 und 654 und rot-weiß als Wanderweg gekennzeichnet, auch hier handelt es sich um eine alte Maultierstraße. Es geht flott und recht steil durch Ölbaumhaine bergauf, und bald erreichen wir das im-

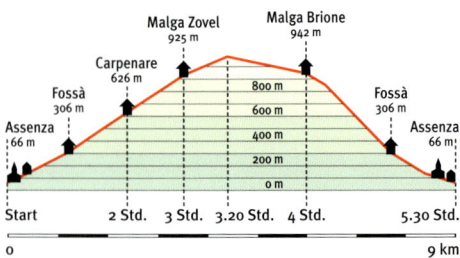

mer nur phasenweise bewohnte Haus Fossà. Auf deutlich weniger benutztem Weg weiter.

Kurz darauf zweigt links ein unscheinbarer und nur durch ein neues Naturlehrpfadschild der Gemeinde Brenzone gekennzeichneter Weg ab, hier werden wir am Ende der Tour herunter kommen. Also rechts (bzw. geradeaus) weiter, man passiert die Ruine des Hauses Ròccolo (schon oberhalb der Ölbaumzone) und geht weiter durch Wald, in unregelmäßigen Abständen erklären Tafeln Naturphänomene (unser gesamter Rundweg gilt als Naturlehrpfad). Bänke an einem Aussichtspunkt, nach der Rast weiter durch Wald. Bald quert man das hier nur mäßig eingekerbte Valle Mezzana und erreicht die kleine Mähwiese **Carpenare** mit ihren verlassenen Gebäuden (2 Std.). Weiter geht es durch dichter werdenden Wald, Goldregen kommt zu den Hainbuchen und anderen Laubhölzern hinzu, er blüht besonders schön zwischen Mitte Mai und Mitte Juni. Nach langer Steigung folgt endlich eine Terrassenkante, und dahinter liegen die Mähwiesen und Pferdeweiden der **Malga Zovel** (3 Std.).

Im Frühsommer blüht der Goldregen wie hier nahe der Malga Brione

Von Assenza auf die Mähwiesen Zovel und Brione

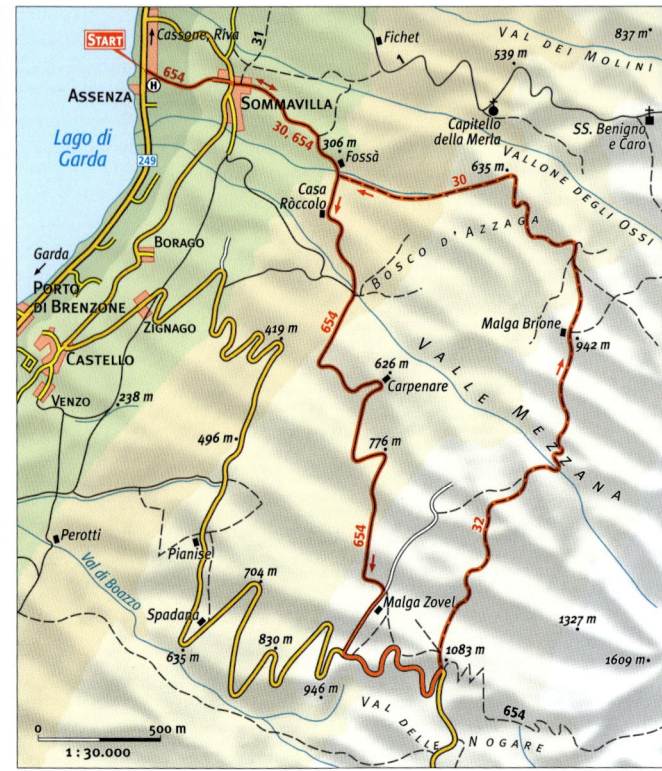

Auf den Wiesen von Zovel (Zovello) wenden wir uns nach rechts und erreichen die schmale, steile und kurvenreiche Asphaltstraße, die von Castello di Brenzone nach Prada Alta hinaufführt. Wir folgen ihr nach links bis zu einer etwa 120 m höher gelegenen Stelle, wo die Asphaltstraße scharf nach rechts abbiegt, rechts relativ flach weiterführt und links ein gesperrter Fahrweg beginnt (**Punkt 1083** der Landkarte). Die Schilder weisen auf diesen Weg, er führt als Wanderweg 32 in Richtung Malga Brione und nach Sommavilla, also vertrauen wir uns diesem Weg an (einen an dieser Stelle weiter den Hang hinaufsteigenden, markierten Weg lassen wir unbeachtet, er führt hinauf zum Baldo-Kamm). Der breite, zunächst fast hangparallele Weg durchmisst mehrere ganz verschiedene Waldtypen. An trockenen, sonnigen Stellen wandert man unter Hainbuchen und stellenweise unter einer regelrechten Goldregenpergola. An schattigen Hängen dominiert die Rotbuche, und bei der Querung des Valle Mezzana, wo der Weg sich zum reinen Fußweg verengt und es ein paar Meter rauf und wieder hinunter geht, regiert moos- und farnreicher Schluchtwald im Schatten zwischen den feuchten Felsen.

Unvermittelt stehen wir auf den Wiesen der **Malga Brione** (4 Std.). Das

Haus ist gut in Schuss, aber versperrt, die ehemaligen Mähwiesen beginnen zu verkrauten, Brennessel und Türkenbund kämpfen um die Vorherrschaft. Noch eine Menschengeneration, dann ist die Wiese verschwunden, dann hat sich die Natur ihren ursprünglichen Waldzustand zurück erobert. Für das Almgebäude selbst planen Gemeinde und alpine Vereine die Restaurierung und Nutzung als Schutzhütte, die vor allem Gruppen beherbergen soll.

Wir gehen rechts am Haus vorbei, ein schmaler Weg weist gut markiert in den Wald. Zunächst ist das Abstiegstempo noch moderat. Ein nach links zu einer Wiese führender Weg wird genauso ignoriert wie zwei Wegeinmündungen von rechts. An einer Hangkante geht es nur noch nach links weiter, geradeaus käme man in die unpassierbare Schlucht degli Ossi, auf deren jenseitigem Hang in gleicher Höhe die Einsiedelei SS. Benigno e Caro sitzt (s. Tour 12). Also nach links und in den nun steileren Waldhang, ein paar Serpentinen bremsen den Schwung, dann aber geht es recht steil und oft holprig hinunter, bis sich kurz vor **Fossà** wieder die Ölbaumhaine einstellen und der Weg erreicht ist, den wir für den Aufstieg benutzt haben. Man folgt ihm hinunter nach **Sommavilla,** von dort aus erreicht man in Kürze die Gardesana und **Assenza** (5.30 Std.).

Die Magghengi

Als man früher die Herden von den seenahen Winterstandorten auf die Almen trieb, brauchte man Zwischenstationen für die Rinder. Heuwiesen in 600 m bis 1000 m Höhe (Zovel und Brione liegen um die 950 m hoch) waren die Lösung für dieses Problem. Weil die Familie mitzog, oder doch einige Familienmitglieder bei der Herde blieben, musste man auch ein Quartier für die Menschen beschaffen. So entstanden zwischen den Dörfern über dem See und den Almen unter den Gipfeln auf halbem Wege die *maggenghi,* die wir als Niederalmen bezeichnen würden, was ja genau dieselbe Funktion charakterisiert. Die Häuser, das muss man bedenken, waren nur für ein, zwei Wochen bewohnt. Für ihren Bau wurde kein großer Aufwand betrieben, mit den großen Almbauten höher oben sind sie nicht zu vergleichen. Der Bau der Malga Brione ist dennoch ein regelrechtes Beispiel für traditionelle Almbauten, wie sie bis ins 17. und 18. Jh. üblich waren. Ihnen fehlt z. B. das kleine Rundtürmchen über dem Kamin, das zur Lüftung des gesamten Innenraumes diente. Statt dessen gab es eine kleine Loggia, die den oberen Stock nach Westen hin öffnet und dadurch für Frischluft sorgt. Auch das (ebenfalls durch die Forstverwaltung renovierte) Almgebäude Zovel weist diese Loggia auf, die ganze Westseite ist in breiter Front geöffnet. Das halbrunde Türmchen an der Ostseite ist ein späterer Anbau, er entstand erst im 19. Jh.

Wo die Maggenghi verlassen und seit einer oder zwei Generationen nicht mehr benutzt wurden, sind die Gebäude meist völlig verfallen. Auch die Kastanienwälder der Berghänge unterhalb der Maggenghi wurden von diesen aus abgeerntet. Die Ernte erfolgte, wenn man mit den Herden auf dem Rückweg zum Winterstandort war; man blieb dann mit den ziemlich erschöpften Tieren ein paar Tage auf den Heuwiesen und erntete die Maronen. Wo die Maggenghi nicht mehr genutzt werden, verwildern diese Wälder und Jahrhunderte alte Kulturarbeit geht verloren.

Das vergessene Dorf

Von Castelletto über Campo nach Cassone

In den alten Dörfern über dem See wurden vor hundert Jahren die Uhren angehalten. In Campo, einem vergessenen Dorf ohne Zufahrtsstraße, fühlt man sich wie im Mittelalter, dabei ist man nur 150 m über der geschäftigen Gardesana.

DIE WANDERUNG IN KÜRZE

Anspruch: +

Gehzeit: 3 Std.

An-/Abstieg: 350 m

Charakter: Seenahe Wanderung auf alten Maultier- und Schlittenwegen, die zu allen Jahreszeiten möglich ist, besonders schön ist sie jedoch im Herbst.

Ausrüstung: Wasser in Campo und zwischen Zignago und Sommavilla

Wanderkarte: Monte Baldo, Blatt Süd

Einkehrmöglichkeiten: Trattorien nur an Start- und Endpunkt (Castelletto/Cassone, Bar in Sommavilla

Anfahrt: Mit dem PKW: Castelletto und Cassone liegen an der östlichen Gardasee-Uferstraße; zwischen den beiden Orten bestehen Busverbindungen (s. u.). **Mit dem Bus:** Regelmäßige Busverbindungen zwischen den beiden Orten sowie von und nach Malcèsine/Riva und Garda/Verona: an Wochentagen zwischen 7 und 20 Uhr meist stündlich, an Sonn- und Feiertagen seltener.

Bevor man in **Castelletto di Brenzone** auf Weg 655 aufbricht, versäume man nicht, das neben dem Wegbeginn liegende Kirchlein San Zeno de l'Oselet zu besuchen. Es ist eines der vielen diesem langobardischen Heiligen geweihten Gotteshäuser im Umland von Verona. Kein Wunder, der heilige Zeno ist Patron von Verona und seiner gleichnamigen Provinz, und als solcher hat er immer die schützende Hand über die Ortschaften am östlichen Seeufer gehalten.

Der am südlichen Ortsrand in der Via Grotta beginnende Weg führt hinauf nach Prada und auf den Kamm

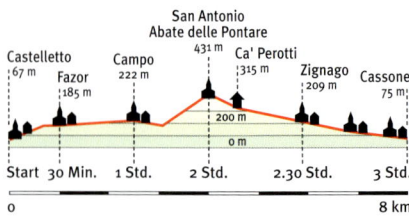

Von Castelletto über Campo nach Cassone

des Monte Baldo, wir folgen ihm aber nur bis zum über Castelletto gelegenen Dörfchen **Biazza** (oft Biasa, aber auch Biaza geschrieben). Hier erreichen wir eine Asphaltstraße, der wir links hinauf zum Weiler **Fazor** (30 Min.) folgen. Beide Dörfer bestehen aus solide gebauten Häusern mit kräftigen Natursteinmauern und Kalkputz (Kalk gibt es ja reichlich in der Umgebung). Bögen und Außentreppen, Reihenhäuser mit gestuften Dächern. Überdachte Durchgänge und massive Fenster- und Türstöcke prägen wie in Campo und in anderen alten Dörfern das Bild.

Am nördlichen Ortsende von Fazor biegt links der Straße ein Maultierpfad ab, der deutlich mit rot-weißer Markierung und einem Hinweisschild

Von Castelletto über Campo nach Cassone

Blick auf Assenza und das westliche Gardasee-Ufer mit dem Ort Campione

nach Campo sowie mit Nummern eines Naturlehrpfades, jedoch nicht mit seiner Wanderweg-Nr. 31 gekennzeichnet ist. Die Zeithinweise nach Campo – einmal 15 und einmal 20 Min. – stimmen nicht, mit 25 Min. sollte man schon rechnen.

In **Campo** (1 Std.) liegt links vom Ortseingang der Waschplatz, das Wasser schmeckt ausgezeichnet und ist sicher willkommen. Beim Kirchlein biegt Weg 34 nach San Zeno di Montagna ab, man geht aber nach links in den nahezu verlassenen Ort hinein, wo sich die Markierung nochmals verzweigt. Links führt ein Maultiersträßchen steil nach Marniga hinunter, wir aber gehen rechts und bequem weiter. Der alte Maultierweg ist streckenweise betoniert und kann heute von landwirtschaftlichen Nutzfahrzeugen befahren werden. Nach wenigen Minuten (ca. 0,5 km) zweigt rechts ein bezeichneter Weg ab, der im Bogen am **Hof Tormentaie** vorbei durch Wald zu einer Ebene führt, den Maggenghi von Pontare. Man erreicht sie unterhalb des Kirchleins **San Antonio Abate delle Pontare,** wo von rechts Weg 33 als alter Schlittenweg von Prada herunterkommt. Ziege, Schwein und Hund scharen sich auf einem naiv gemalten Schild um den ägyptischen Einsiedler des 5. Jh., der als Patron der Haustiere auch nördlich der Alpen verehrt wird. Und das alles, weil er einem Löwen den Dorn aus der Pfote zog, was diesen so zahm wie ein Hündchen machte.

Wer hier auf der Höhe des Kirchleins einen Fahrweg nach Süden (rechts) einschlägt, kommt an einem in den Felsen geschlagenen, mit Wasser gefüllten Becken vorbei und erreicht die Mähwiesen von **Pontare** (2 Std.) mit ihren alten Almhäusern und wunderschönen Blicken hinunter auf den See (Abstecher von 45 Min. hin und zurück bis zum entferntesten Haus, von wo aus man die beste Aussicht hat).

Weg 31 senkt sich nun nach links und quert ein Waldstück, bevor er die allein stehende **Ca' Perotti** erreicht (Weg 33 zweigt hier nach links ab). Das Haus ist leider im Verfall begriffen. Schön sind die alten Birnbäume im Garten. Die Zisterne vor dem Haus ist verschlossen, aber noch intakt. Ohne Richtungswechsel geht es weiter, die neu hinzu gekommenen Markierungen gehören zu einem Naturlehrpfad nach Zignago.

Der Querweg ca. 250 m nach der Ca' Perotti ist ein alter Schlittenweg. Die steilen, kopfsteingepflasterten Waldwege zwischen den Dörfern, den Bauernwäldern und den Mähwiesen waren für Karren nicht geeignet, da musste man sich schon etwas einfallen lassen. Die Lösung

waren von Maultieren gezogene Schlitten. Die bepackte *barossola* musste beim Abstieg gehalten werden, damit sie nicht dem Zugtier in die Hinterbeine fuhr. Dies geschah mit Stricken, die man um eigens in den Wegrand gemauerte Haken wand, die an einigen Stellen, so auch hier, noch erhalten sind.

In **Zignago** (2.30 Std.) wird das Sträßchen Castello–Prada gequert. Wir gehen durch Ölbaumhaine weiter auf einem von hohen Trockenmauern gesäumten Maultiersträßchen und erreichen nach 5 Min. ein gefasstes Becken mit Trinkwasser. Man erreicht den Weiler Pozzo, die dort beginnende Straße führt hinunter in den Ort **Sommavilla**, wo man nur ein paar Meter nach rechts auf der Hauptstraße geht, um dann wieder rechts ein schmales Sträßchen und unter einem Torbogen durch (ohne Markierungen) die Fortsetzung von Weg 31 einzuschlagen. Am Ortsende geht die Straße in ein schmales, geschottertes Sträßchen über, führt durch den Ölbaumhain und verläuft plötzlich links an einem den direkten Weg blockierenden Haus vorbei, ab hier nur noch als schmaler Fußweg. Durch Ölbaumterrassen geht es leicht abwärts, und nach Querung der Asphaltstraße, die kurz darauf erreicht ist, sind es noch gut 10 Min. nach **Cassone** (3 Std.) und zum See.

Dörfer über dem See

Wer sich heute auf der *Gardesana orientale* durch den starken Verkehr quält, wird kaum glauben, dass das fast ungebrochene Siedlungsband zwischen Torri und Malcèsine erst nach der Fertigstellung der Ostuferstraße in den 30er Jahren des 20. Jh. entstand. Bis auf einige kleine Hafenansiedlungen, wie Porto di Brenzone und Cassone, gab es am Ufer keine Orte. Die Menschen lebten in den Dörfern oberhalb des Sees, in Crero, Pai di sopra, Biazza, Fazor, Campo, Castello, Zignago, Sommavilla. Die Maultiersträßchen unserer Wandervorschläge (Touren 14, 15, 16) waren die einzigen Verbindungen zwischen ihnen. Die Bewohner ernährten sich von den Produkten ihrer Landwirtschaft und vom Fischfang auf dem See, besonders von *àgole*. Diese kleinen Schwarmfische kommen im Juni und Juli an flache Uferstellen, um dort zu laichen. Dort wurden sie mit Netzen gefangen und als Wintervorrat getrocknet oder gepökelt. Zu den Vogelflugzeiten im Frühjahr und Herbst wurde der Speiseplan mit Zugvögeln, vor allem Drosseln, aufgebessert (mehr am Westufer des Sees als am Ostufer). Das wenige, das man nicht selbst herstellen konnte, transportierten ›Fliegende Händler‹ auf dem Wasserwege zu den kleinen Hafenansiedlungen. Oliven und Olivenöl, Milch, Butter und Käse von den Kühen, Schafen und Ziegen, die auf den Almen gehalten wurden, Wein und weiße Weinbergpfirsiche, Edelkastanien, im Winter Kakifrüchte, dazu Feigen, Aprikosen und Pflaumen, Birnen und Walnüsse waren die wichtigsten Produkte dieser Dörfer. Zitronen, von denen in allen möglichen Büchern geschwärmt wird, gehörten nicht dazu. Die begehrten und teuren Früchte, die aufwendig, zum Schutz vor der Winterkälte in den gedeckten Limonaien, heranreiften, waren ausschließlich für den Export bestimmt (s. S. 145 f.).

Mit dem Bau der Uferstraße hat sich das Leben hier unwiderruflich geändert. Die Dörfer lagen plötzlich abseits, die Straße verlief nicht zwischen den Dörfern, sondern entlang dem Seeufer. Die Menschen zogen hinunter zur Straße, bauten dort neue Häuser, stellten sich auf den beginnenden Tourismus ein. Die alten Dörfer verfielen, wie auch die Ölbaumkulturen an Bedeutung verloren und die Wiesen, Weiden und Gärten verwilderten.

Campo ist ein Ort, in dem heute noch der Atem der Zeit vor dem Straßenbau weht. Nur ein Miniatursträßchen, das für PKW kaum befahrbar ist, führt von der Gardesana zum Ort hinauf. Einige der alten Häuser verfallen zusehends, andere wurden zu Sommerhäusern umgebaut und stehen meistens leer. Im Winter ist der Ort gänzlich unbewohnt. Am südlichen Ortsausgang plätschert das Wasser einer Quelle in den noch in den 50er Jahren erneuerten öffentlichen Waschbrunnen. Im einzigen Gässchen des Ortes ist es ganz still. Vom efeuumrankten Eingang eines verfallenden Hauses schaut man dann auf die bleigraue Fläche eines Sees, der um diese Jahreszeit von keinem Segel belebt, von keinem Schiff befahren wird. Unter den Ölbäumen, die den Hang um Campo in einen silbrig-grauen Schleier tauchen, wächst frisch-grüner Klee, als ob es schon Frühling wäre, und über die Trockenmauern unter den Ölbaumterrassen flitzen ein paar Eidechsen, die die Wärme aus ihrer Winterstarre erweckt hat. Auf einem Kakibaum hängen die letzten Früchte. Niemand lebt hier, um sie zu ernten.

Buchempfehlung: Zum Naturlehrpfad gibt es eine leider nur auf Italienisch erschienene Beschreibung des WWF Verona, die im lokalen Buchhandel angeboten wird: M. P. Fasoli und L. de Kock: Sentiero-Natura Castello (Brenzone).

Kastanien und Schlittenwege

Von Pai nach La Ca', Le Ca' und Castelletto

Riesige Esskastanien stehen auf den Mähwiesen über dem See, die Maronen sind immer noch ein Teil der bäuerlichen Kultur. Wenn die braunen Früchte im Oktober reif sind, ist die schönste Zeit für diese Wanderung.

DIE WANDERUNG IN KÜRZE

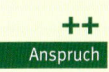

Anspruch: ++

Gehzeit: 4.30 Std.

An-/Abstieg: 550 m

Charakter: Meist leichte, im Abstieg jedoch steile Wanderung auf bisweilen holprigen Maultierwegen; im Mittelteil zwischen La Ca' und Pirle aussichtsreiches Schottersträßchen

Ausrüstung: Wasser gibt es in Le Ca' und Ca' Vicari

Wanderkarte: Monte Baldo, Blatt Süd

Einkehrmöglichkeiten: Trattorien in Pai di sotto und Castelletto, keine Gaststätten an der Route

Anfahrt: Mit dem PKW: Pai di sotto liegt nördlich Torri del Benaco an der östlichen Gardasee-Uferstraße, Castelletto liegt weiter nördlich in der Gemeinde Brenzone. **Mit dem Bus:** Gute Verbindungen von Riva/Malcèsine und Garda/Verona zu beiden Orten.

Von **Pai di sotto,** einer wenig ansprechenden Häuseransammlung an der Uferstraße, gehen wir auf kleinem Sträßchen (Via Carducci) hinauf nach **Pai di sopra,** dem alten Ort in Panoramalage. Vom Platz oberhalb der Kirche führt ein steiler Fahrweg mit der Markierung 37 bergan. Wir folgen ihm bis zu einer spitzen Rechtskurve, wo er zu einigen neuen Häusern führt, während wir auf einem Schottersträßchen gerade aus weitergehen. Das Sträßchen wird nach 5 Min. zum Weg, der in mehreren Kurven mäßig steil durch Wald bergan führt. Nach einem flachen Teilstück erreichen wir am Rand eines Tales eine Gabelung (Bodenmarkierungen). Unser Weg führt nach links durch das Bachtal und erreicht gegenüber nach einem flachen Wegstück eine einsame Häusergruppe. Dort geht es nach rechts auf einem recht steilen Weg bis zu einer querenden Asphaltstraße. Dieser folgen wir nach rechts in Richtung San Zeno, queren ein größeres Tal und erreichen am Ende der folgenden Steigung ein links abgehendes Sträßchen zur Häusergruppe **La Ca'** (2.15 Std.).

Wir gehen nun immer in gleicher Richtung und gleicher Höhe weiter, der Fahrweg ist nicht markiert, aber nicht zu verfehlen. Schöne Aussichten gibt es vor allem nach links, wo jenseits des Sees die Cima Comèr und der Monte Castello di Tignale das Panorama dominieren, aber auch in Richtung Monte Baldo. Bald liegt vor uns die Häusergruppe **Pirle** (3 Std.), hier quert ein alter Weg zwischen Hecken, er ist markiert und entpuppt sich als Weg 655. Hier gehen wir nach links abwärts und erreichen in 10 Min. die Häusergruppe Le Ca' (was ja nichts anderes heißt als *Die Häus'*) mit gedecktem Brunnen. Im folgenden Waldstück findet sich rechts an einer schattigen Stelle ein weiterer Brunnen, der romantische Ort verlockt zu einer Verschnaufpause. Im Wald sieht man Akelei und viel Mäusedorn, dessen rote Früchte im Herbst und Winter auffällige Farbtupfer setzen. Noch einmal tiefer liegt die **Ca' Vicari**, auch hier gibt es Wasser. Der Weg wird steiler, geht in einen Schlittenweg über, der leider nicht mehr instand gehalten wird. Einzelne Steine sind aus der alten Pflasterung herausgerissen und haben den Zerstörungsprozess in Gang gesetzt.

Nach Querung einer Asphaltstraße geht es nicht weniger steil weiter abwärts, bis wir im Rechtsbogen die obersten Häuser von **Biazza** erreichen, dessen enge Gässchen willkommenen Schatten spenden. Der Weg quert nochmals die Asphaltstraße, windet sich dann durch den Ort und zuletzt durch Ölbaumterrassen hinunter zum See und nach **Castelletto** (4.30 Std.).

Am idyllischen Hafen gibt es einige Lokale, in denen man sich die Wartezeit bis zur Abfahrt des nächsten Busses in Richtung Pai vertreiben kann, mit Mineralwasser, einer frischen *birra media* oder einem großen Eisbecher, ganz nach Wunsch.

Die Esskastanien

Wiesen und Weiden wechseln einander ab zwischen La Ca' und Le Ca', riesige alte Kastanienbäume spenden Schatten für Weidetiere und Maronen für die Besitzer. Einige Heuwiesen wachsen zu, denn Heu wird immer entbehrlicher, sodass die Wiesen schon vor einer Generation vielerorts völlig aufgegeben wurden. Und mit ihnen die Kastanienwälder, deren Früchte auf dem Markt kaum etwas brachten. Zudem machte eine krebsartig wuchernde Krankheit den Bäumen besonders zu schaffen (Endothia parasitica). Vorbei, dachte man, wieder ein Stück lebendiger Kulturgeschichte verloren. Mit der Rückbesinnung auf die bodenständige Küche erfuhren die Maronen eine starke Aufwertung. Weil es so wenige gab, erzielten sie phantastische Preise. Dies war die entsprechende Motivation, um etwas für den Erhalt der Bäume zu tun. Agronomen begannen zu experimentieren, kreuzten die europäische Esskastanie mit Vettern aus Japan und China und schafften es wirklich, eine ziemlich krankheitsresistente Hybride zu kreieren. Währenddessen hatte die

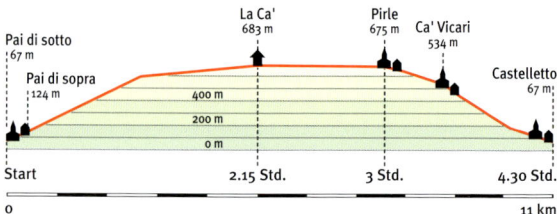

Von Pai nach La Ca', Le Ca' und Castelletto

europäische Edelkastanie eigene Abwehrkräfte gegen einige Krankheiten entwickelt und begann sich zu erholen. So scheint fürs erste der Bestand gesichert zu sein.

Die reifen Früchte sind nicht einfach Früchte des Waldes, die jedem und niemand gehören, sie gehören einem Bauern, der sie verkaufen oder selber essen möchte: Sammeln ist also tabu. Dafür kann man sie im Restaurant zum deftigen Essen und einem Glas Bardolino bestellen oder kaufen und selber rösten (am besten in speziellen Pfannen mit durchlöchertem Boden, die es während der Erntezeit in vielen Lebensmittel- und allen Eisenwarenläden zu kaufen gibt).

Von Torri del Benaco über Fornare nach Crero und zurück über Coi

Zistrosen und Graffiti

Von Torri del Benaco über Fornare nach Crero und zurück über Coi

Zwei leichte Wanderwege verbinden die alten Bauerndörfer zwischen Torri und Crero. Vorgeschichtliche Felszeichnungen bezeugen die alte Besiedlung, eine rot blühende mediterrane Zistrose macht deutlich, wie warm es hier werden kann.

DIE WANDERUNG IN KÜRZE

Anspruch: +

Gehzeit: 3 Std.

An-/Abstieg: 200 m

Charakter: Leichte Wanderung auf guten bis mäßig steinigen Wegen, die erste halbe Stunde auf Asphalt. Ganzjährig schneefrei, im Hochsommer meist zu heiß, beste Zeiten sind Frühjahr und Herbst.

Ausrüstung: Wasser am Brunnen gegenüber der Kapelle San Siro in Crero

Wanderkarte: Monte Baldo, Blatt Süd

Einkehrmöglichkeiten: Trattoria-Bar Panoramica in Crero

Anfahrt: Mit dem Auto: Auf der Gardesana orientale bis Torri, Großparkplatz in Torri am südlichen Ortsausgang neben der Skaligerburg. **Mit dem Bus:** Linienbus ab Verona bzw. Riva del Garda entlang der Gardesana orientale nach Torri, Haltestelle in der Nähe der Kirche.

Die Limonaie der Skaligerburg in **Torri del Benaco,** gleich neben dem Großparkplatz, verrät etwas über das Klima hier am See: Zitronen ja, aber bitte hinter Glas, weil sie sonst im Winter erfrieren. Von hier oder von der Bushaltestelle gehen wir auf der Gardesana ein Stück in nördliche Richtung, bis wir in Höhe der Pfarrkirche einen querenden, zwischen Mauern verlaufenden Fußweg erreichen. Hier gehen wir nach rechts bis zur nächsten Querstraße, der wir nach links folgen. Wir bleiben zunächst auf diesem asphaltierten Sträßchen, auch wenn es sich bei der Casa Danese nach rechts einen Hang hinaufzieht, ab der **Contrada Rossone** (25 Min.) ist es kaum noch befahren und ab **Fornare** ist der Asphalt zu Ende. Dann geht es auf Schotter weiter. Ölbaumhaine wech-

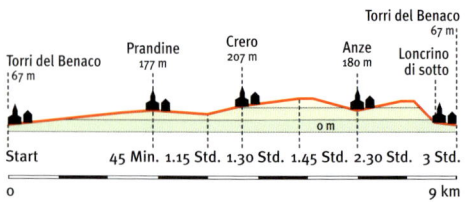

Von Torri del Benaco über Fornare nach Crero und zurück über Coi

seln sich mit lockerem Buschwald aus Flaumeichen und Hopfenbuchen ab, an den Wegrändern wächst viel Perückenstrauch, der sich im Herbst in leuchtendes Orangerot kleidet, um dann die Blätter zu verlieren und mit seinen feinen, stark verzweigten Blattstielen den Winter wie eine große, graue Perücke durchzustehen. Immer wieder gibt es prachtvolle Blicke über den Gardasee hinweg zum markanten Massiv des Monte Pizzòcolo und zum Monte Denervo, vorausgesetzt, man ist nicht gerade während der sommerlichen Dunstphase unterwegs, während der man von hier oben, hundert Meter über dem Wasserspiegel, selbst den See nicht sieht, geschweige denn über ihn hinweg.

Nach dem Weiler **Prandine** (45 Min.) halten wir uns bei einer Gabe-

Von Torri del Benaco über Fornare nach Crero und zurück über Coi

Felszeichnungen bei Crero

lung rechts – von links kommt ein asphaltiertes Sträßchen herauf, das hier endet – und wandern nach 50 m auf einem halbrechts in den Wald führenden Weg weiter. Das nun folgende längere Wegstück ist ziemlich eben, wegen des Baumwuchses hat man nur im Winter einen schönen Blick auf und über den See. Hier wächst die Weißliche Zistrose, die schön rosarot blüht (seltsame Namen vergeben diese Botaniker). Sie wird mit dem Problem des kalten Winters auf ihre Art fertig: sie imitiert Pflanzen aus nördlicheren Zonen, lässt die Blätter abtrocknen, rollt sie ein und wartet auf wärmere Tage. Hier ist ihr nördlichster Standort in Italien, er ist nicht viel größer als ein Quadratkilometer. Im Bogen führt der Weg schließlich hinunter zu einer **asphaltierten Fahrstraße** (1.15 Std.), der wir bis zur nächsten Rechtskurve folgen, wo nach links ein alter Weg aufwärts und direkt in den Weiler **Crero** führt (1.30 Std.).

Bevor wir den Ort vom Platz vor der »Trattoria Panoramica« nach rechts verlassen, sollten wir dem Kirchlein San Siro und dem Brunnen (auf der anderen Straßenseite) einen Besuch abstatten. Weniger der Architektur als des herrlichen Ausblicks wegen, der das Baldo-Massiv und den mittleren Teil des Gardasees von Pai bis Castelletto umfasst. Von hier aus führen markierte Weg zum See hinunter und hinauf nach San Zeno di Montagna.

Der Rückweg ab Crero ist markiert, ein Schild weist im Ort zur »Roccia dei graffiti«, zum Felsen der Zeichnungen. Vorwiegend Flaumeichen begleiten den zunächst etwas holprigen Weg, von dem wir nach 5 Min. nach links abbiegen, um die **Felszeichnungen** anzusehen. Es sind Gletscherschliffe der letzten Eiszeit, deren glatte Flächen von den Menschen als Schiefertafel verwendet wurden, seit das Gebiet vor vielleicht 12 000 Jahren eisfrei wurde. Einfache geometrische Zeichen, Kreuze und Kreise, Mühlespiele, aber auch komplizierte Zeichnungen, die wie Baupläne oder Dorfgrundrisse aussehen, finden sich hier. Wenn es Baupläne oder Grundrisse waren, warum hat man sie dann hier verewigt? Was wollte man wem damit mitteilen?

Wir werden das Rätsel dieser Zeichen wohl in der kurzen Pause, die wir uns hier gönnen, nicht lösen können, also setzen wir unseren Weg fort. Er führt meist eben, manchmal ganz leicht ansteigend bis zu einer **Gabelung** (1.45 Std.), von der zwei markierte Wege abgehen: Wir wählen den rechten. Dieser führt nun völlig eben durch Buschwald, verliert dann (2 Std.) plötzlich an Höhe, wird breiter und scheint, wo der Flaumeichenwald sich zu Olivenhainen öffnet, zum See hinunterzuführen. Hier gehen wir jedoch nach links hoch, wo ein schmaler Weg uns zwischen Ölbaumterrassen äußerst aussichtsreich zum Weiler **Anze** leitet (2.30 Std.), wo es auf einem Fahrsträßchen weitergeht. Auf diesem bleiben wir bis zu einem großen, alleinstehenden Bauernhaus, hinter dem bei einer gefassten Quelle ein Fußweg scharf nach rechts abbiegt und zwischen Ölbaumhainen zum Weiler **Coi** hinunterführt. Hier durchqueren wir den Bogen und gehen auf einem Fahrweg eben weiter. Nach 300 m wenden wir uns an einem alten Waschplatz nach rechts und folgen dem dort beginnenden Pflasterweg abwärts. Es ist einer jener alten Schlittenwege, auf denen man früher und in seltenen Fällen heute noch die Lasten auf Holzschlitten beförderte. Der Weg erreicht in **Loncrino di sotto** die Straße, die von Torri nach Albisano führt. Wenn man ihr nach rechts folgt, ist man in wenigen Minuten im Ortszentrum von **Torri** (3 Std.).

Hinweis: Die Gemeinde Torri plant, beide Wege in den nächsten Jahren zu erneuern und zu verbessern, es ist mit befristeten Wegverlegungen und Behinderungen zu rechnen!

Tour 17

Villen und Steineichen

Von Garda zur Punta San Vigilio, auf den Monte Brè und nach Torri del Benaco

Auf der schönsten Landspitze des Sees, der Punta San Vigilio, liegt unter der Renaissance-Villa Guarienti der herrliche Strand Baia delle Sirene; vom Monte Brè und Monte Luppia blickt man auf die Landspitze und die Bucht von Garda.

DIE WANDERUNG IN KÜRZE

Anspruch: +

Gehzeit: 4 Std.

An-/Abstieg: 350 m

Charakter: Leichte Wanderung entlang des Strandes und durch mediterranen Buschwald auf alten Wegen und Fahrsträßchen, Orientierung an einigen Stellen am Monte Luppia nicht ganz leicht.

Ausrüstung: Trinkwasser

Wanderkarte: Monte Baldo, Blatt Süd

Einkehrmöglichkeiten: Restaurant/Bar/Gelateria an der Punta San Vigilio

Anfahrt/Rückfahrt: Mit dem PKW: Garda liegt an der östlichen Gardasee-Uferstraße und ist von den Autobahnabfahrten »Lago di Garda Sud« oder »Peschiera« zu erreichen. Busverbindung von Torri zurück nach Garda. **Mit dem Bus:** Garda ist von Verona, Peschiera und Riva mehrmals täglich mit dem über Torri del Benaco verkehrenden Bus zu erreichen. **Mit dem Schiff:** Garda ist während der Sommermonate mit den meisten Seeufergemeinden per Schiff verbunden, nicht jedoch mit Torri (dorthin allenfalls eine Verbindung hin und zurück).

Hinweis: Der Weg von Garda zur Punta San Vigilio ist im Winter und generell bei Wasserhochstand des Gardasees immer wieder überflutet. Man kann dann nur bis zu einem Bildstock nach dem ausgedehnten Grundstück der Villa Canossa gehen, wo ein Trampelpfad nach rechts zur Gardesana führt, der man dann zur Punta San Vigilio folgt (größte Vorsicht, starker Verkehr!). Alternativ fährt man von Garda mit dem Bus auf der Gardesana bis zur Haltestelle Punta San Vigilio. Sie befindet sich genau dort, wo die Wanderroute die Uferstraße kreuzt.

Garda hat im Altstadtkern noch Reste des alten Fischerdorfes bewahrt, der heutige Ort lebt jedoch fast ausschließlich vom Tourismus. Der alte Hafen wurde zugeschüttet, um einer Piazza Platz zu machen. Genau dort,

Der Hafen von Garda

an der von Platanen beschatteten Uferesplanade, beginnt unser Weg. Wir gehen den Strand entlang nach rechts und Richtung Norden, verlassen den eigentlichen Ort und spazieren zunächst noch mit vielen anderen Bummlern unter den hinter hohen Mauern verborgenen Villen Farina und Canossa entlang. Da wir für den zweiten Teil dieser Tour gute Wanderschuhe und Rucksack (mit Wasservorrat und Regenschutz) benötigen, vielleicht Teleskopstöcke dabei haben (sehr praktisch auf dem schlechten Wegstück bei den Felszeichnungen), wirken wir hier offenbar etwas deplaziert und erregen gewisses Aufsehen. Allmählich verläuft sich die Menge und ein paar Büschel Schilf sind zu sehen, kostbare Reste eines Schilfgürtels, der früher den ganzen südlichen See umgab und als Kinderstube für die Fischbrut dient.

Das Schilf wird dichter, der Weg endet und ein kurzer Trampelpfad führt nach rechts zur Spitze der Halbinsel **Punta San Vigilio** (45 Min.). Wir passieren einen Mini-Bootshafen, ein Restaurant mit Gelateria (völlig überzogene Preise) und rechts hinauf einen gemauerten Torbogen, durch den wir an die Mauer der **Villa Guarienti** gelangen (links das exklusive Hotel). Eine Besichtigung ist leider nicht möglich, aber man sieht durch das Glas in die noch heute betriebene Limonaie und durch das Torgitter auf die Villa, die noch bewohnt ist (s. S. 86).

Vom Tor wenden wir uns nach rechts auf die von der Straße Garda–Torri herunterführende Allee. Links von uns liegt die **Baia delle Sirene,** die Traumbadebucht schlechthin, die allerdings an Sommerwochenenden hoffnungslos überfüllt ist (Eintritt). Wir erreichen die Asphalt-

Von Garda zur Punta San Vigilio, auf den Monte Brè und nach Torri del Benaco

straße, überqueren sie nach halb links (größte Vorsicht geboten!) und gehen in einen Ölbaumhain hinein, der in Richtung des Waldes gequert wird. Dort leitet ein Fahrweg nach rechts auf eine höhere Ölbaumterrasse; sobald wir diese erreichen, gehen wir gleich links und zum Waldrand. Dort beginnt ein Weg durch den Buschwald mit seinen vielen mediterranen Pflanzen (Steineiche, Mannaesche, Steinlinde, Hopfenbuche, Blasenstrauch, Perückenstrauch, Judasbaum), der zu einer Schotterstraße hinaufführt. Wir gehen nach links weiter und kommen an einer abrupten Rechtskurve zu einem **Aussichtspunkt,** der zum Schönsten gehört, was der Gardasee zu bieten hat: unter uns liegt die Punta San Vigilio mit der Villa Guarienti und der halbrunden Baia delle Sirene, jenseits des riesigen Gardaseebeckens dominiert der Monte Pizzòcolo das Bild. Links davon ahnt man die Bucht von Salò und deutlich ist noch etwas weiter links die Dreiecksform der Rocca di Manerba zu erkennen. Man möchte sitzen bleiben und sich an dem Anblick erfreuen, aber nur im Winter wird man hier längere Zeit allein sein, und selbst dann kann es passieren, dass man von motorisierten Liebespaaren gestört wird, die einen ruhigen Platz zum Knutschen suchen.

Der Fahrweg endet nach weiteren 200 m, ein schmaler Weg führt höher hinauf, wir folgen ihm bis zu einem querenden Weg und gehen dort links. Die von Brombeeren überwachsenen Ölbäume zeigen, dass hier einmal Kulturland war, was schon Generationen zurückliegen muss, denn inzwischen leben hier Dachse, von denen die querenden Wildwechsel stammen. An einer Wegkreuzung (Monte Pomo) sieht man den See wieder unter sich, Wanderweg 41 führt hier geradeaus nach Torri weiter (man kann ihn evtl. als Rückweg nach Garda wählen), wir folgen aber dem nach rechts führenden, ansteigenden Fußweg (Schild »Albisano«). Auf holprigem Weg passieren wir mehrere vom Gletscher glatt geschliffene Platten, einige mit interessanten Felszeichnungen, darunter die wahrscheinlich eisenzeitliche **»Pietra dei cavalieri«** (rechts) mit sieben berittenen Schwertschwingern.

Nach einer Steigung von etwa 100 Höhenmetern erreicht der Weg an der ersten flachen Stelle einen hangparallelen, sehr schmalen Querweg. Hier gehen wir im spitzen Winkel nach rechts und queren noch einmal die Flanke des Monte Brè, im Frühjahr kann dieser Wegteil etwas verwachsen sein.

Bevor man die steil zum Gardasee abbrechende Hangkante erreicht, zieht ein gut begehbarer Steig nach links hinauf zu einer Aussichtsterrasse über dem See, der markierte Weg, den wir nicht nehmen, führt flach weiter in den Hang. Von hier aus sind es noch einmal 20 Höhenmeter durch Zypressenwald, dann

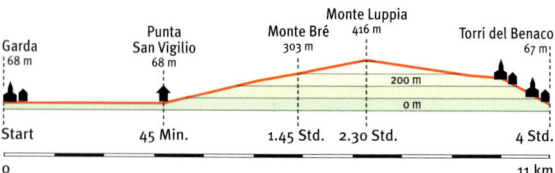

Von Garda zur Punta San Vigilio, auf den Monte Brè und nach Torri del Benaco

ist der Rücken des **Monte Brè** erreicht (1.45 Std.).

Der Weg bleibt auf dem Rücken dieses Berges und mündet bald wieder in den markierten Weg. Ein Anwesen kommt in Sicht, es steht in einer Senke zwischen dem Monte Brè und dem Monte Luppia. Kurz vor Erreichen des Anwesens biegen wir noch im Wald nach rechts und erreichen am jenseitigen Hangfuß einen schlechten Fahrweg. Wir folgen dem (gelegentlich blau-rot markierten) kurvenreichen Weg bis zu einer Reihe von Zypressen. Knapp vor deren Ende zweigt links ein rot-weiß markierter Weg ab, der uns auf einen Rücken führt, dem wir nun ohne Markierung aber auf deutlichem Pfad folgen. Dieser führt auf den Rücken des **Monte Luppia,** eine weite, teils offene, teils mit lichter Wacholderheide bestandene, sehr blumenreiche Hochfläche (2.30 Std.).

Bei einem noch genutzten Gebäude verlassen wir die Plateaukante des Monte Luppia, die manchmal den Hauptweg trug und manchmal nur Trampelpfade. Von der Kante zieht ein Weg in unserer bisherigen Wanderrichtung nach links hinunter in den Wald. Allzu bald ist der Wald gequert, erreichen wir Häuser und Asphaltierung. Unten an der querenden **Straße** von Garda über Albisano nach Torri (3 Std.) gehen wir nach links, ebenso an der Gabelung, wo wir den Abzweig in Richtung Torri wählen. Kurz nach der ersten Linkskurve dieser Straße (nicht gleich bei der ersten Abzweigung, diese führt auf ein Privatgrundstück) gehen wir nach rechts auf einen Fahrweg, der zum Weiler **Valmagra** führt. Dort nehmen wir die (hier asphaltierte) Maultierstraße nach links, sie ist übrigens auf einer römischen Straße errichtet worden, und folgen ihr bis Torri. Vor einem Tälchen gehen wir bei einer Gabelung nach links und abwärts weiter und erreichen eine querende Straße; rechts steht ein Bildstock in der Mauer. Hier geht es nach links und gegenüber einem Brunnen auf die Fortsetzung der Römerstraße und nach **Loncrino di sotto**, wo wir die Asphaltstraße nach Torri erreichen. In der Außenkurve der Straße lesen wir die Inschrift: »Prea scritta« von 1769, die über den Straßenbau auf römischen Resten berichtet. In wenigen Minuten ist man von hier aus in **Torri del Benaco** auf der Gardasee-Uferstraße und an der Haltestelle, um den Bus zurück nach Garda zu nehmen (4 Std.).

Die Villen am Gardasee

Die malerisch gelegene Villa Guarienti an der Punta San Vigilio gehört mit der Villa Albertini in Garda und der Villa Pellegrini in Castiòn zu den wenigen Adelssitzen am Gardasee, die noch die alte Wohnfunktion haben. Andere, wie die wunderschöne (und nach Renovierung wieder zu besichtigende) Villa Carlotti in Caprino, dienen heute als Rathaus, andere sind ungenutzt oder haben zweckentfremdete Funktionen. Die Standorte all dieser Villen entsprechen dem venetianischen Lageschema. Fruchtbares landwirtschaftliches Gebiet, hier Oliven und Wein, Berghintergrund, Platz für einen alleinstehenden Bau, dessen horizontale Gliederung oft durch seitliche Risaliten betont wird, Ausblick auf eine reizvolle Landschaft. Die riesigen Grundstücke mit ihren umgebenden Mauern sind Fremdkörper in einer sonst von bäuerlicher Kultur bestimmten Landschaft, aber auch visuelle Höhepunkte. Und die Villa Guarienti an der Landspitze von San Vigilio, ein Bau noch aus der Renaissance, ist die am perfektesten gelegene, unübertroffene Königin.

Castion liegt 3 km nördlich von Garole, der Marktort Caprino 10 km östlich; gute Verbindungen bestehen nur mit Caprino.

Die Südflanke des Monte Baldo

Von Pralongo zum Monte Sparavero und zum Nàole-Kamm

Kuhalmen mit Aussicht über Gardasee und Etschtal, bequemes Wandern auf Almwegen und ehemaligen Kriegsstraßen, einige der blumenreichsten Wiesen der Region und im Sommer Erfrischung in der Schutzhütte – eine wahre Genusstour!

DIE WANDERUNG IN KÜRZE

Anspruch: +

Gehzeit: 4 Std.

An-/Abstieg: 550 m

Charakter: Leichte Wanderung auf guten bis mäßig steinigen Wegen durch Wald und über Bergweiden

Ausrüstung: Trinkwasser

Wanderkarte: Monte Baldo, Blatt Süd

Einkehrmöglichkeiten und Unterkunft: Rifugio Fiori del Baldo (Feb. und Nov. geschl., ✆ 04 56 86 24 77), Rifugio Chièrego (Juni bis Sept., ✆ 03 30 24 78 33)

Anfahrt: Mit dem PKW: Anlaufpunkt ist zunächst der Bergort Prada, der von Torri del Benaco und von Caprino aus auf guter Straße zu erreichen ist. Dort etwas unterhalb der Osteria dal Cacciatore auf einem Sträßchen nach Pralongo, die letzten hundert Höhenmeter sind schlechte Fahrstraße, evtl. in der Kurve unterhalb parken. **Mit dem Bus/zu Fuß:** Keine Busverbindung nach Prada. Wanderweg 662 von Caprino an der Buslinie Verona–Caprino ab Hauptplatz hin/zurück bis Creste di Nàole in ca. 5.30 Std. In diesem Fall Übernachtung in einem der beiden Schutzhäuser auf der Costabella.

Pralongo ist eine von Dolinen durchsetzte Senke in ca. 1250 m Höhe. Ein Teich links der Straße markiert den Beginn des Wanderweges nach rechts (Süden), einige Parkmöglichkeiten finden sich. Der Weg führt mehr schlecht als recht markiert zwischen Dolinen über das hier Dosso dei Cavalli (Pferdebergrücken) genannte, von Laubwald bestandene kuppige Gelände. Der Weg wird breiter, rechts zweigt ein markierter Weg hinunter zur Malga Zilone ab, wir beachten ihn nicht weiter und erreichen die Wiesen der **Malga Zocchi**, die etwas rechts von uns bleibt. 10 Min. später umrunden wir einen Bergrücken (50 Min.), es ist der äußerste Ausläufer der Creste di Nàole, die wir später erwandern werden. Bei einer Weggabelung geht es rechts mit Weg 662 hinunter nach Caprino, wir bleiben auf dem links weiterführenden, leicht bergan steigenden Weg. Nach 250 m folgt wieder eine Gabelung. Nach rechts führt der Weg eben weiter zu den von hier aus sichtbaren Gebäuden der Alm

Colonei di Pèsina, geradeaus (links) vor uns liegt der Naòle-Kamm. Bevor wir mit dem Anstieg beginnen, lohnt sich der kleine Umweg zur Alm und zurück, die, wie der Name verrät, im Mittelalter vom Talort Pèsina aus kolonisiert wurde. Von den herrlichen Almwiesen aus hat man wunderschöne Blicke nach Südosten über das Becken von Caprino, die Etschklause (ein enges Durchbruchstal) vor Verona und die Lessinischen Berge.

Nun geht es auf Weg 662 bergan auf den deutlichen Kamm der **Creste di Nàole.** Der erste Kalkklotz im rechten Teil des gespaltenen Kammes, der **Monte Sparavero** (1516 m), wird weglos über Wiesen mitgenommen (Aussicht!). Weiter gehen wir auf deutlichem, gutem Weg bergan und queren ein **Schotterstraßchen** (1.45 Std.). Es ist die Fortsetzung des von Prada heraufführenden Sträßchens, eine ehemalige Kriegsstraße, die von den italienischen Truppen vor dem Ersten Weltkrieg errichtet wurde. Sie führt zum rechts an einer südlich ausgerichteten Stelle liegenden ehemaligen **Fort Nàole,** das für die Österreicher, die den Nordteil des Monte Baldo hielten, nicht einsehbar war. Fort, Kaserne und Artilleriestellungen sind heute Privatbesitz und tragen einen Fernsehtransmitter, unten sind Ställe eingerichtet. Der Weg führt weiter zügig, aber nicht anstrengend bergan, einige Dolinen werden passiert, schließlich erreichen wir die **Bocchetta di Nàole** (2.15 Std.), eine Scharte zwischen den beiden Rippen des Nàole-Kammes. Nach rechts geht es mit Weg 656 hinunter nach Ferrara del Monte Baldo, wir bleiben in unserer Anstiegsrichtung und erreichen nach kurzer Hangquerung den Rücken des Monte Baldo an der **Costabella.**

Costabella: Das bedeutet Aussicht nach beiden Seiten, prachtvolle Bergwiesen, ein Wanderweg direkt auf dem grünen Kamm! Die Südexposition lässt Frühwinterschnee noch einmal schmelzen, in vielen Jahren bleibt die weiße Pracht hier oben nur wenige Wochen liegen, im Regelfall kommt der Schnee erstmals Anfang Januar und ist Ende März abgeschmolzen. In den steileren Wiesen auf der Ostseite blühen die Feuerlilien, die auf den sanften Westseite abgeweidet und abgepflückt sind.

Der Kammweg führt zum freundlichen neuen **Rifugio Fiori del Baldo** (3 Std.) an der **Bergstation** der stillgelegten Costabella-Seilbahn, wo man sich die erhoffte Stärkung angedeihen lassen kann. Nur 10 Min. sind es bis zum etwas höher gelegenen **Rifugio Chièrego,** den man ebenfalls besuchen könnte, allein schon wegen seiner spektakulären Lage über den steilen Wiesenhängen des Ostabfalls des Baldo-Kammes.

Nach verdienter Rast beginnt der Abstieg, er verläuft über das kaum befahrene Schotterstraßchen, das

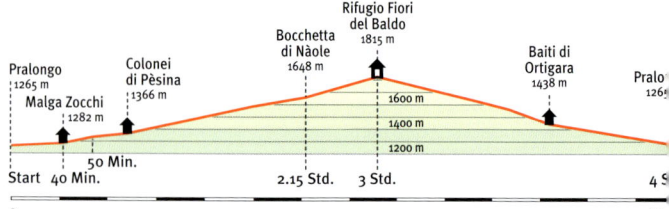

Von Pralongo zum Monte Sparavero und zum Nàole-Kamm

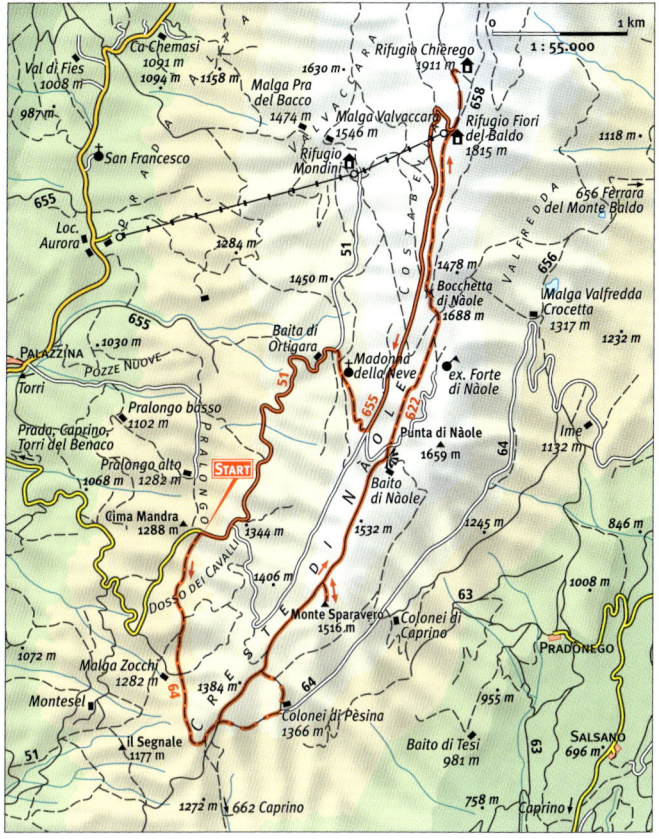

vor der Bergstation beginnt und nach Prada hinunterführt. Nach 40 Min. (2,5 km) führt rechts ein bezeichneter Weg in den lichten Buchenwald und hinaus auf die Weiden der **Alm Ortigara,** die man bei der Kapelle Madonna della Neve (Maria Schnee) erreicht. Bei den Almgebäuden beginnt ein Fahrweg, der nach links abwärts führt, wir folgen ihm bis zur Einmündung in die Schotterstraße hinunter nach Prada. Noch 5 Min. auf dieser Straße bergab und wir sind wieder zurück am **Pralongo** (4 Std.).

Buchempfehlung: Mehr zu den Forts in: Wegweiser zu den österreichischen und italienischen Forts des Monte Baldo, des Etschtals und von Pastrengo, deutscher und italienischer Text, hrsg. v. M. Delibori, Caprino 1994.

Die Almen am Südfuß des Monte Baldo

An der weiten Südflanke des Monte Baldo hat sich die Almkultur dieser Bergregion besonders gut erhalten.

Von Pralongo zum Monte Sparavero und zum Nàole-Kamm

Die Malga Zocchi, am jenseitigen Ufer ist der Monte Pizzòcolo zu sehen

Seit dem Mittelalter wurde der Wald an diesem durch Verebnungen gegliederten Hang gerodet, ausgedehnte Mähwiesen und Bergweiden ersetzten zwischen 1000 und 1600 m die bis dahin nicht genutzten Wälder. Die gemeinschaftliche Rodung führte zu gemeinschaftlichem Besitz. Noch heute gehören einige Almen der Gemeinde, besonders im Bereich von Caprino. Im 17. und 18. Jh. entstanden die heutigen Almgebäude mit ihren charakteristischen halbrunden Türmchen. Zur selben Zeit begann man auch wieder aufzuforsten, um dem Vieh Unterstände bei Schlechtwetter zu geben. Die sogenannten Riserve sind jene markanten Fichtenwäldchen, die man immer wieder inmitten der Almweiden trifft. Mit der Mechanisierung und dem Beginn des Straßenbaus nach dem Zweiten Weltkrieg entfiel die Notwendigkeit, auf der Alm zu wohnen, um nach den Tieren zu sehen, zu buttern und zu käsen. Die heutigen Malghesi kommen als Pendler mit dem Auto vom Dorf herauf und bleiben nur tagsüber. Nur noch auf wenigen der früheren Mähwiesen wird heute noch alljährlich zweimal das Gras geschnitten, Winterfutter für die Weidetiere wird heute im Silageturm erzeugt. Randliche Bereiche verwachsen, die Artenvielfalt der Wiesen nimmt ab, der Wald rückt vor. Dafür gibt es neue Funktionen für die Almgebäude; so wurde die Alm Colonei di Caprino vom Drachenfliegerverein Caprino übernommen, andere wurden zum Feriendomizil für die Besitzerfamilie ausgebaut.

Naturlehrpfad im Latschenkar

Von der Malga Valvaccara auf die Punta Telègrafo

Gämsen, Murmeltiere und Bergdohlen werden wir auf dieser Hochgebirgswanderung vielleicht zu sehen bekommen. Aber es gibt auch Alpenschneehuhn, Birkhuhn, Fuchs, Dachs und Marder zu beobachten und gelegentlich sogar einen Königsadler.

DIE WANDERUNG IN KÜRZE

++
Anspruch

4.30 Std.
Gehzeit

750 m
An-/Abstieg

Charakter: Hochalpine Wanderung auf Bergwegen und Steigen, im tieferen Bereich und auf dem Kamm auch Almwege und alte Kriegsstraßen

Ausrüstung: Trinkwasser

Wanderkarte: Monte Baldo, Blatt Süd

Einkehrmöglichkeiten und Unterkunft: Rifugio Telègrafo (Juni bis Sept., Winterraum,  04 57 13 17 97), Rifugio Chièrego (Juni bis Sept., ✆ 03 30 24 78 33), Rifugio Fiori del Baldo (Feb. und Nov. geschl., ✆ 04 56 86 24 77).

Anfahrt: Mit dem PKW: Zunächst fährt man bis zum Bergort Prada, der von Torri del Benaco und von Caprino gut zu erreichen ist. Dort nimmt man die im oberen Teil leider recht mäßige Straße auf die Costabella. Sie zweigt am unteren Ortsende von Prada rechts ab und ist bis zum Teich Pralongo mit normalem PKW befahrbar. Ab dort zu Fuß bis zur nächsten (markierten und durch ein Gatter gesperrten) Abzweigung nach links, wo ein Fahrweg zur Alm Baiti di Ortigara führt und weiter in gleicher Richtung zur Malga Valvaccara. **Mit dem Bus:** Keine Busverbindung nach Prada. Es gibt einen Busdienst von Verona nach San Zeno di Montagna mit Zustiegsmöglichkeit von Garda, ab San Zeno muss man dann laufen (siehe unten!). **Zu Fuß:** Weg 655 von Castelletto di Brenzone (s. Tour 15) erreicht Prada im oberen Ortsteil (hin und zurück 5 Std.) . Man muss dann ca. 400 m der dortigen Straße nach rechts folgen, bis sich Weg 655 auf der anderen Straßenseite fortsetzt. Bis zu den Baiti di Ortigara hin und zurück nochmal 2.30 Std., eine Übernachtung ist also nicht zu umgehen. Alternativ Taxi z.B. ab Garda bis Pralongo (Taxi Garda ✆ 04 56 27 03 31 oder 34 72 20 30 54). **Hinweis:** Die Seilbahn auf die Costabella ist seit Sommer 2006 wieder in Betrieb!

Von der Malga Valvaccara auf die Punta Telègrafo

Vom **Parkplatz Pralongo** nimmt man das Sträßchen in Richtung Baiti di Ortigara wie in Tour 18 (in umgekehrter Richtung) beschrieben. An der Mittelstation der stillgelegten Costabella-Seilbahn vorbei gelangt man auf einem rot-weiß markierten Weg zur wenig tieferen **Malga Valvaccara**. Sie entspricht in ihrem Aufbau mit dem halbrunden Lüftungstürmchen dem Typus der Käsealmen auf dem Monte Baldo. Nun geht es leicht ansteigend entlang eines in der Falllinie verlaufenden Grabens und oberhalb desselben nahezu eben über wunderschöne Wiesen und Weiden zur verfallenden Schafalm **Baito delle Buse** (30 Min.). Die Ausblicke nach Westen, die weit über den See hinweg reichen, sind ausgesprochen hinderlich: man kommt durch das ständige Schauen kaum weiter. Außerdem lenken die Blumen ab, es braucht Zeit, sie zu bewundern oder zu fotografieren (Massen von Anemonen, Schmuckprimeln und blau-violettem Krokus im Mai, Trollus und Holunderknabenkraut im Juni, geknäuelte Glockenblume und verschiedene Enzianarten im Juli/August).

Von der Baita gehen wir rechts hinauf zu einem Bergrücken. Nachdem man ihn umrundet hat, sieht man vor sich das hochalpine **Buse-Kar**. Hier bleibt der Schnee recht lange liegen, Legföhren und alpiner Kurzrasen bedecken den Boden. Starke Verkarstung hat den anstehenden Fels förmlich zersplittert. Auf der Nordseite des Kares steigt der Weg etwas höher und quert dann den Westhang mit schönen Blicken hinunter auf den See. Unvermittelt stehen wir dann über dem nächsten Kar, dessen Boden wir nach 150 m Abstieg bei einer Weggabelung erreichen, wo es nach links aus dem Kar hinaus und bergab, nach rechts hinauf zum Schutzhaus Telègrafo geht. Im Kar, dessen unterer Boden auf den Namen **Valle delle Pré** hört (1.30 Std.), ist die größte Wahrscheinlichkeit, Murmeltiere nicht nur zu hören, sondern auch zu sehen. Es empfiehlt sich also, hier zu rasten. Das riesige, noch einmal in sich gestufte Kar liegt unter dem Monte Maggiore (Punta Telègrafo), zu dem wir jetzt hinaufsteigen. Wenig unter dem Gipfel lädt die Schutzhütte **Rifugio Telègrafo** (2.45 Std.) zur Rast ein, den Gipfel der **Punta Telègrafo** (2200 m; hin und zurück 15 Min.) kann man anschließend immer noch besuchen!

Der Rückweg erfolgt auf dem Kamm des Monte Baldo, den man in nur schwach absteigender Hangquerung vom Schutzhaus aus in einer Viertelstunde erreicht, an einigen felsigen Stellen muss man die

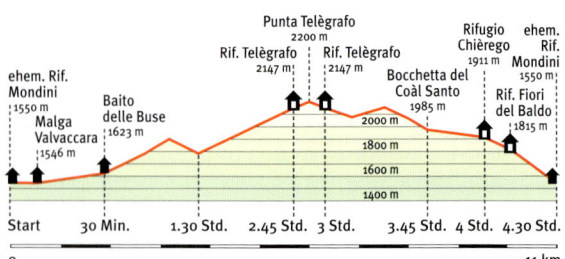

Von der Malga Valvaccara auf die Punta Telègrafo

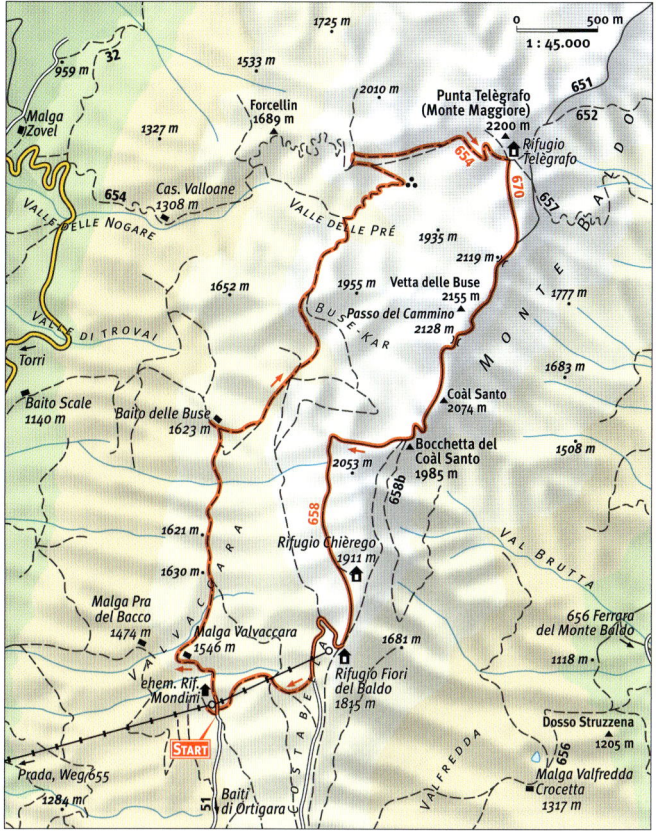

Hände zu Hilfe nehmen. Über den Passo del Camino und die **Bocchetta del Coàl Santo** verläuft ein breiter Weg zum **Rifugio Chièrego** (4 Std.) und von dort aus zur **Bergstation** der im Sommer 2006 wieder eröffneten Seilbahn mit dem Rifugio Fiori del Baldo. Auf diesem Weg blühen im Frühling Unmengen der auf dem Monte Baldo beschränkten Kernerschen Schmuckblume. Das Schutzhaus wurde von der Vereinigung Amici del Baldo errichtet und wird von ihr unterhalten. »Blumen des Baldo« lautet der Name der Hütte, die ein Teil des Programms ist: Nebenan entsteht ein Alpengarten, der die wichtigsten Baldo-Blumen versammelt. Gutes regionaltypisches Essen ist eine Selbstverständlichkeit. Zum Ausgangspunkt zurück kommt man weglos über die Wiesen zu beiden Seiten der **Seilbahntrasse** (4.30 Std.), alternativ geht man über das Sträßchen gleich zum Parkplatz Pralongo (etwa 30 Min. länger).

Buchtipp: Der erste Teil dieses Weges bis zum Kar unterhalb des Telègrafo entspricht dem Naturlehrpfad

Von der Malga Valvaccara auf die Punta Telègrafo

Monte Baldo, der von jungen Bergsteigern aus Caprino in einem hilfreichen Büchlein beschrieben wird, in der Natur aber keine darauf bezüglichen Markierungen aufweist. Die Broschüre Sentiero Natura Monte Baldo, hrsg. v. M. Delibori, Verona 1988, ist im lokalen Buchhandel zu erwerben.

Das Rifugio Telègrafo, wenige Meter unterhalb des gleichnamigen Baldo-Gipfels

Petergstamm unterm Telegrafen

Vom Rifugio Novezzina auf die Punta Telègrafo und zum Passo Campione

Zwei relativ unproblematische Wege führen von Osten auf die Punta Telègrafo. Kombiniert machen sie den aussichtsreichen Gipfel zur Tagestour. Kenner nächtigen im Rifugio unter dem Gipfel und erleben den Sonnenuntergang.

DIE WANDERUNG IN KÜRZE

++ Anspruch	**Charakter:** Bergwanderung auf guten Wegen und Steigen, eine kurze gesicherte Stelle	Winterraum, 70 Schlafplätze, ✆ 04 57 13 14 97), Rifugio Novezza (✆ 04 56 24 70 22)
5 Std. Gehzeit	**Ausrüstung:** Trinkwasser	**Anfahrt: Mit dem PKW:** Straße von Caprino über Spiazzi nach Ferrara del Monte Baldo und weiter über die Strada Generale Graziani zum Rifugio Novezzina. Eine Busverbindung existiert nicht.
	Wanderkarte: Monte Baldo, Blatt Nord	
1000 m An-/Abstieg	**Einkehrmöglichkeiten und Unterkunft:** Rifugio Novezzina am Beginn des Weges (✆ 04 56 24 71 62, Rifugio Telègrafo (Juni bis Sept.,	

Unser Weg beginnt beim **Rifugio Novezzina** mit seinem interessanten Alpengarten, direkt an der Strada Graziani zwischen Spiazzi und Mori. An der großen Rechtskurve oberhalb der Schutzhütte beginnen die Markierungen über den Almboden, man geht auf Wegspuren zwischen den rot-weißen Tupfen der Markierung, was leider zu starken Erosionsschäden führt. Der Weg quert das **Vallone Osanna** und schraubt sich auf der anderen Seite in Spitzkehren allmählich den steilen Ostabfall des Baldo hinauf. Auf einer Verflachung mit kleinem Tümpel lädt die Aussicht zur ersten Rast. Man hat allerdings Schwierigkeiten, zwischen den vielen Stengellosen Enzianen *(Gentiane kochii)* ein Plätzchen zu finden, bei dem man nicht zu viele dieser sonst bereits seltenen Pflanzen zerdrückt!

Der Aufstieg geht in vielen Kehren weiter bis unter den Kamm des Baldo, wo wir einen flach verlaufenden Querweg erreichen, der Teil eines während des Ersten Weltkriegs von italienischen Truppen angelegten Wegsystems ist. Die Front verlief nicht weit von hier: Die Österreicher nahmen bei Kriegseintritt Italiens 1915 ihre Grenze von der Bocca Tratto Spin nach Norden zurück, die Italiener besetzten die Höhe des Monte Altissimo di Nago und konnten dadurch, sehr zum Leidwesen der Österreicher, Riva und Tòrbole einsehen und beschießen. Der Nach-

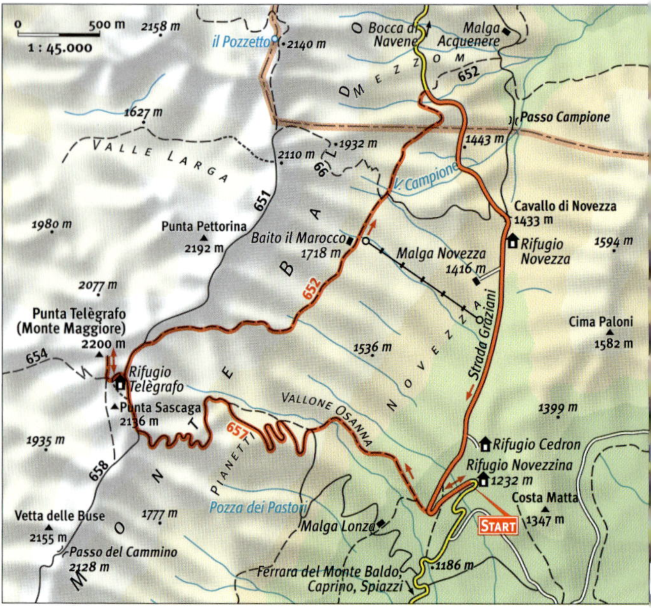

Vom Rifugio Novezzina auf die Punta Telègrafo und zum Passo Campione

schub der Italiener lief über unseren Wanderweg. Dieser stellt heute den Hauptweg über den Kamm des Monte Baldo (s. Tour 11) und wird von vielen begeisterten Wanderern begangen, die zumeist gar nicht wissen, auf welchen Spuren sie wandeln.

Wir gehen auf diesem Weg ein kurzes Stück nach rechts und erreichen eine Gabelung. Hier geht es steil und auf leider ziemlich abgetrampeltem Weg nach links hinauf und zum oberhalb auf der anderen Seite des Baldo-Rückens stehenden, also von hier aus nicht sichtbaren **Rifugio Telègrafo** unter der **Punta Telègrafo** (3 Std.). Den Namen hat der Gipfel übrigens möglicherweise von Feuersignalen aus napoleonischer Zeit, wahrscheinlicher noch von einer Lichtrelais-Station der österreichischen Truppen aus der Zeit vor 1866, nicht von einem eventuellen Telegrafenamt!

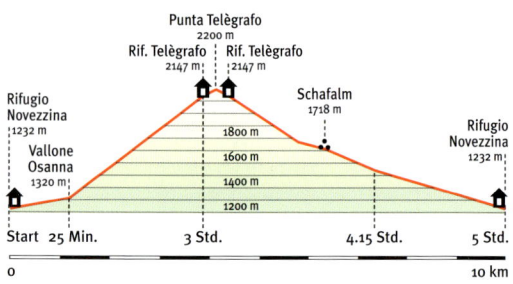

Vom Rifugio Novezzina auf die Punta Telègrafo und zum Passo Campione

In den Schrofen unterhalb der Gipfelzone, insbesondere auf dem zum See abfallenden Kamm, der in nördlicher Richtung steil abfällt, nach Süden jedoch in einen Wiesenhang übergeht, stehen viele seltene Blumen. Auch die Aurikel hat hier noch Standorte, ebenso der Petergstamm, eine leuchtend gelbe Schlüsselblume mit fettglänzenden Blättern, die anderswo meist ausgerottet ist. In Felsspalten findet man die Schopfige Teufelskralle und auf Rasenflecken zwischen Fels mehrere Steinbrecharten neben dem manchmal regelrecht bodenbedeckenden Frauenmantel. Besonders schön sind die Brunellen und Läusekräuter, hier oben sind ihre Blütenfarben besonders intensiv und frisch.

Vom Rifugio Telègrafo wenden wir uns wieder zurück auf den Kammweg, den wir nun in umgekehrter Richtung begehen. Unseren Aufstiegsweg berühren wir gar nicht mehr, da wir bei Erreichen des Kammweges gleich nach links und in Richtung Norden weitergehen. Schon nach wenigen Minuten erreichen wir eine Gabelung. Hier führt nach rechts ein markierter Wanderweg (die 652) hinunter zum Passo Campione. Das geschieht zunächst recht steil, aber nach einer kurzen gesicherten Stelle mit verringertem Abstiegstempo. Der Osthang des Monte Baldo wird in diesem Bereich als Skigebiet genutzt (meist als Novezza bezeichnet): man kommt an den Ruinen einer **Schafalm** (Baito il Marocco) vorbei, wenig unterhalb endet ein Schlepplift.

Nachdem wir die Abzweigung von Wanderweg 66 erreicht haben, der recht steil nach links zur Cima Valdritta hinaufführt, sind wir nur noch einen Katzensprung von der **Strada Graziani** entfernt. Wenn wir sie erreicht haben (4.15 Std.), gehen wir nach rechts, passieren das Skigebiet, links steht das **Rifugio Novezza,** und erreichen die Straßenkurve oberhalb des **Rifugio Novezzina,** wo der Wagen steht (5 Std.).

Die leuchtend gelbe Trollblume blüht in den Bergwiesen des Vallone Osanna

Die große Almwiesenwanderung

Tour 21

Der »Giro delle Malghe« um die Kirche Madonna della Neve östlich des Baldo-Kammes

Die Tour der Touren für alle Genießer, die weniger Bergwanderer als Alm-, Wald- und Wiesenwanderer sind. Ein wunderbarer Wandertag ohne große Höhenunterschiede, an dem man mehrere Almen besucht, die noch bewirtschaftet werden.

DIE WANDERUNG IN KÜRZE

Anspruch: ++

Gehzeit: 6.30 Std.

An-/Abstieg: 550 m

Charakter: Leichte, aber wegen der großen Länge anstrengende Wanderung auf guten bis mäßigen Wegen und Almstraßen im Wald- und Wiesenbereich. Orientierung besonders bei Almquerungen manchmal nicht ganz leicht, Markierungen nicht durchgehend verlässlich

Ausrüstung: Auf einigen Almen gibt es Wasser, das aber keine Trinkwasserqualität hat; Ausnahme: Neubau der Malga Pian della Cenere am Anfang. Also besser Getränkevorrat mitnehmen.

Wanderkarte: Monte Baldo, Blatt Nord

Einkehrmöglichkeiten und Unterkunft: Rifugio Monte Baldo (☎ 04 64 39 15 53) und Albergo Alpino am Ausgangspunkt; die Malga Pra Alpesina verkauft Käse. Die Hütten Pian della Cenere und Malga Lavacchio sind zu unregelmäßigen Zeiten bewirtschaftet.

Anfahrt: Mit dem PKW: Zur Madonna della Neve führt eine von Avio im Etschtal (Autobahnabfahrt Ala/Avio) abgehende, meist ganzjährig geöffnete Asphaltstraße (am Stausee Pra da Stua bei einer Gabelung links, bei nächster Gabelung wieder links). Keine Busverbindung. **Mit Bahn/zu Fuß:** Von der Bahnstation Avio an der Bahnlinie Bozen–Verona nach Avio und auf Asphaltstraße in Richtung Pra da Stua (ca 1 Std.). An der ersten Haarnadelkurve geht links der Weg 652 ab, der zum Pian della Cenere und dem Giro delle Malghe führt (hin/zurück ca. 3.45 Std.). In diesem Fall empfiehlt sich eine Übernachtung.

Das Almengebiet um die Kirche Madonna della Neve östlich des Baldo-Hauptkammes ist gewissermaßen der Himmel auf Erden für jeden Almwanderer. Zum einen gibt es Almen satt (mehr als ein Dutzend), zum zweiten werden diese in den meisten Fällen noch bewirtschaftet und

Der »Giro delle Malghe« östlich des Baldo-Kammes

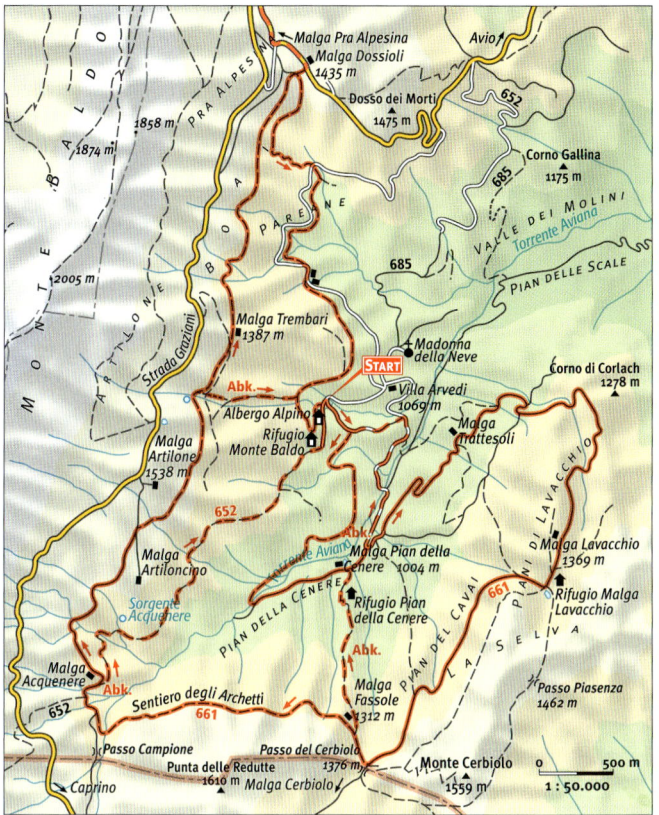

sind Teil einer lebendigen Kulturlandschaft, zum dritten kann man hier Touren in jeder Länge und für jede Kondition finden, vom kurzen Spaziergang bis zum langen »Giro delle Malghe«, den wir hier vorschlagen. Man kann diesen Giro, der vor einigen Jahren als Volkslauf ins Leben gerufen wurde, an mehreren Stellen abbrechen und die Tour in handliche Abschnitte zerlegen. Wir werden an den entsprechenden Stellen darauf aufmerksam machen.

Wir lassen das Auto am besten an den straßenbegleitenden Parkplätzen bei den Gasthäusern **Rifugio Monte Baldo** und **Albergo Alpino** stehen. In beiden kann man gut und rustikal auf Trentiner Art essen, aber auch nächtigen, was sich besonders vor der Tour rentiert, die man dann recht früh beginnen kann – bei sechs Stunden Gehzeit ist man ja mit Pausen und Picknick den ganzen Tag unterwegs! 100 m vor dem Albergo Alpino passieren wir einen bewaldeten Einschnitt, hier führt ein Sträßchen bergab zu einigen Häusern. Wo es eine flachere Stelle und Wiesen erreicht, weist ein Holzschild auf einen schmalen Weg nach rechts. Es trägt die Bezeichnung »Giro delle Malghe«,

Der »Giro delle Malghe« östlich des Baldo-Kammes

Auf dem Giro delle Malghe, unweit des Pian delle Cenere

ähnliche Schilder werden uns, wenn sie inzwischen nicht umgefallen sind oder zerstört wurden, an vielen weiteren Stellen begegnen und die Orientierung erleichtern. Der Weg, eigentlich ist er nur ein Trampelpfad, führt durch Wald und im oberen Teil von Heuwiesen ohne große Höhenveränderungen in den Talschluss des Aviana-Baches, der die gesamte Almenregion zur Etsch hin entwässert. Im Wiesen- und Weidengrund des Talschlusses **Pian della Cenere** möchte man am plätschernden Bach recht lange rasten, aber da noch einige Stunden vor uns liegen, sollten wir weiter. Wenn wir den **Bach** (25 Min.) queren, führt jenseits ein Fahrweg talauswärts zur **Malga Pian della Cenere,** wo wir zum letzten Mal gutes Trinkwasser bekommen. Abseits des Fahrwegs liegt rechts unter dem Hang die alte Alm, ein gänzlich aus Steinen errichtetes Gebäude mit Steindach und Steinkamin. Es dient heute dem Bergwanderverein Avio als Notlager. 200 m hinter der Alm gabeln sich die Wege (40 Min.), nach links geht es wieder hinauf zum Ausgangspunkt (erste Abkürzungsmöglichkeit, falls jemand am Wasser die Zeit vergessen hat), nach rechts führt eine gesperrte landwirtschaftliche Straße, auf ihr verläuft die Route des Giro delle Malghe weiter.

Das Schottersträßchen erreicht die **Malga Trattesoli** (1 Std.), einen sehr großen, traditionellen Bau, verlässt die Almwiesen, um Laubwald zu queren (Buchenwald mit passender Begleitung, z. B. Waldmeister, der mit Grappa versetzt die köstliche *Grappa con asperula* liefert) und wendet sich schließlich nach Süden, wo es auf die Almwiesen der **Malga Lavacchio** trifft. Die Almhütte am Südende des großen Wiesenbe-

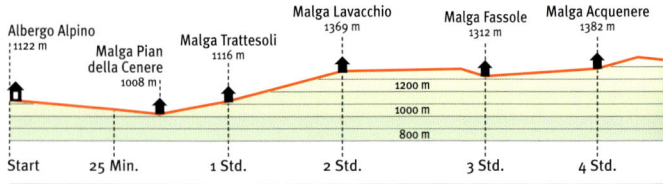

reichs (2 Std.) wurde von der Sektion Avio des Trentiner Alpenvereins zum Notlager ausgebaut, man kann also heutzutage schlafen, wo man noch vor einer Generation die Käse reifen ließ.

An der Pozza, dem runden Wasserloch südlich der Hütte, beginnt ein mit **»Via del Cavai«** bezeichneter Fahrweg, der bequem durch dichten Wald mit Buchen, Fichten und sogar Tannen (das Gebiet heißt treffend »La Selva«) hinüber zum **Passo del Cerbiolo** führt, direkt an der alten venetianisch-tirolischen bzw. italienisch-österreichischen Grenze. Dort nehmen wir, ohne den Pass gequert zu haben, den rechts abzweigenden Weg zur nahen **Malga Fassole** (3 Std.), einem kompakten, niedrigen Bau in Aussichtslage. Eine Abkürzungsmöglichkeit bietet der Weg, der rechts an der Alm vorbeigeht. Er führt in nur einer halben Stunde hinunter zur Alm Pian della Cenere. Wer lieber weitergehen will, bleibt oberhalb der Alm, dort führt der zusehends schmaler werdende **Sentiero degli Archetti** durch die dicht bewaldete, dunkle Nordflanke des Monte Cerbiolo. Das ist vielleicht die imposanteste Strecke dieser an Eindrücken reichen Tour: alte kräftige Buchen, Eiben und Tannen dominie-

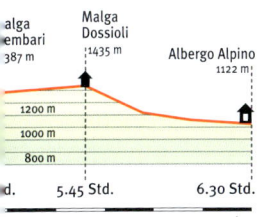

ren den hochstämmigen Wald, die Tälchen führen zumeist Wasser.

Nach einem tiefer eingeschnittenen Tal treffen wir auf den von links und dem Passo del Cerbiolo herunterkommenden Weg, ab hier finden sich Schilder, die in der Gegenrichtung auf »Caval di Novezza« weisen. Nach der nächsten Bachquerung mündet Weg 652 von links oben ein, der die Punta Telègrafo und Avio miteinander verbindet. Nach einer dritten Talquerung wird der Wiesenbereich der nicht mehr bewirtschafteten **Malga Acquenere** erreicht (4 Std.), hier trennen sich die Wege wieder: Weg 652 führt nach rechts hinunter und bietet eine Abkürzungsmöglichkeit (Schild »Via de l'Or«, etwa 45 Min. bis zum Ausgangspunkt), während wir uns links halten, um unterhalb der Almhütte zum jenseitigen Waldrand zu gelangen. Es folgen Wald, eine Talquerung, eine neue Ebene mit Almwiesen, diesmal befinden sich sogar zwei Almen darauf, **Artiloncino** und **Artilone**. Der richtige Weg führt nach der Kreuzung des Verbindungsweges der beiden Almen wieder zum jenseitigen Waldrand.

Auf dem Weiterweg sind die Schilder für den Giro hilfreich, da es zwei parallele Wege gibt, von denen nur einer (der obere) gut zu gehen ist. Er führt durch Buchenwald auf Mähwiesen und wieder in den Wald hinein, quert ein stärker eingekerbtes Tal mit Quelle (hier eine letzte Abbruchmöglichkeit: immer auf der linken Seite des Tales steil bergab zum Albergo Alpino, etwa 25 Min. – nur für den Notfall geeignet) und erreicht die **Malga Trembari** (5 Std.), auch sie liegt auf einer prächtigen und aussichtsreichen Wiesenebene. Selten verirren sich Wanderer hierher, dafür steigen sie sich an Sonntagen am Pian della Cenere gegenseitig auf die Füße.

Nun steht uns noch ein längeres Wegstück durch orchideen- und waldmeisterreichen Buchenwald bevor, es führt ziemlich eben durch recht steiles Gelände zur **Malga Dossioli** (5.45 Std.). Hier befinden wir uns an einer Verbindungsstraße zwischen der Strada Graziani und der Madonna della Neve. Käsefans sollten sich den kurzen Abstecher zur **Malga Pra Alpesina** nicht entgehen lassen, wo eine gute Auswahl hervorragender Almkäse verkauft wird (auf der Asphaltstraße in Richtung Norden, nach 5 Min. Zufahrtssträßchen nach rechts einschlagen). Vor der Malga Dossioli führt ein Weg durch Wiesen leicht abwärts zum nahen Waldrand. Im Wald verläuft er zunächst mit schwachem Gefälle, um nach 10 Min. abrupt in einen steilen Serpentinenweg überzugehen. Dieser erreicht nach weiteren 10 Min. eine Asphaltstraße, die wir überqueren, bevor es nach rechts weitergeht. Der Weg bleibt knapp unterhalb der Straße und quert sie eine gute Viertelstunde später bei einer Hausgruppe nochmals, bevor wir nach einer Wiesenpassage an den Ausgangspunkt der Tour gelangen, zum **Albergo Alpino** und dem **Rifugio Monte Baldo** (6.30 Std.).

Und die **Madonna della Neve?** Warum wird sie erwähnt und dann links liegen gelassen? Weil sie nicht direkt am Weg liegt, aber immer wieder in Orientierungsschildern auftaucht. Also: Wo die von Avio kommende Straße vom Asphaltsträßchen zum Schottersträßchen mutiert, geht es rechts zu den beiden Gasthäusern, links zur Kirche. Hin und zurück von dieser Stelle zwei Auto- oder sieben Gehminuten.

Über der Bucht von Salò

Tour 22

Rundwanderung von Salò über Madonna del Rio und Bagnolo nach San Bartolomeo

Ein Rundweg fürs ganze Jahr, Schnee ist hier auch mitten im Winter normalerweise ein Fremdwort. Ein verborgener Wasserfall, uralte Kastanien und Tiefblicke auf die Bucht von Salò verleihen dieser Familienwanderung ihren besonderen Reiz.

DIE WANDERUNG IN KÜRZE

Anspruch: +

Gehzeit: 4 Std.

An-/Abstieg: 400 m

Charakter: Leichte, ganzjährig durchführbare Wanderung auf guten, an zwei Stellen etwas steileren Wegen, auf Fahrsträßchen und zwei kurzen Abschnitten Asphaltstraße

Ausrüstung: Wasser in Madonna del Rio, Bagnolo

Wanderkarte: Kompass 102

Einkehrmöglichkeiten: Agriturismo (bewirtschafteter Hof) unterhalb der Kapelle Bagnolo, zwei Höfe mit Agriturismo in San Bartolomeo (nur an Wochenenden)

Anfahrt: Mit dem PKW: Salò liegt an der westlichen Gardasee-Uferstraße. **Mit dem Bus:** Salò wird von Desenzano (Bahnstation) aus zweimal täglich sowie von Brescia und Gargnano, seltener von Riva aus mit Bussen angefahren.

Salò gilt als Badeort des gehobenen Niveaus, die **Uferesplanade Lungolago Zanardelli** trägt erheblich zu diesem Ruf bei. So angenehm es wäre, in einem der Strandlokale locker zurückgelehnt einen gepflegten Cappuccino zu schlürfen, so wenig ist jetzt Zeit dafür, die Tour wartet. Also: Vom südwestlichen Ende der Uferpromenade gehen wir nach rechts auf die **Piazza Vittorio Emanuele** (wie schön, dass man sich in Italien nur wenige Straßennamen merken muss, fast alle Orte haben dieselben Namen) und weiter auf die **Scala Santa,** die Treppe zur Gardesana. Dort wenden wir uns nach links und queren nach 150 m die Gardesana zur Straße nach Renzano. Treppe und Straße stehen mit unserem ersten Ziel in Beziehung, dem Wallfahrtskirchlein Madonna del Rio, das wir über **Renzano** auf zunehmend engerem Fahrsträßchen erreichen: Unser Weg entspricht dem alten Wallfahrtsweg von Salò zu diesem ehemals wichtigen Heiligtum. Das Kirchlein der **Madonna del Rio** (1 Std.) am Ausgang des gleichnamigen Tales ist verschlossen, ein Gitter erlaubt den Blick in das schlichte Innere.

Ein kurzer Abstecher (10 Min. hin/zurück) nach links um das Kirchlein herum und bergan führt zu einem wunderschönen Platz: ein

Von Salò über Madonna del Rio und Bagnolo nach San Bartolomeo

Wasserlauf hat sich in den steilen Hang eingeschnitten und fällt nun als **Wasserfall** in eine dunkle Kluft, die nur im vorderen Viertel geöffnet ist. Es wundert uns nicht, dass sich hier ein Heiligtum entwickelte, das Madonna del Rio genannt wird, »Unsere Liebe Frau vom Wasserlauf«.

Wir gehen zurück zur Kirche und auf der anderen Seite auf anfangs undeutlichem Weg den Hang hinauf. Bald wird der Weg klarer, er überwindet eine Felsbarriere, die hier das Tal der Madonna del Rio zu blockieren scheint, und führt stetig weiter durch sehr lichten mediterranen Buschwald mit einzelnen schrofigen Stellen. Nach etwa einer halben Stunde Steigung geht der Weg in einen Fahrweg über und erreicht 10 Min. später das Haus Milordino und dann die Hausgruppe **Milordi.** Die uralten, riesigen Kastanienbäume hier sind Produkt jahrhundertelanger Selektion durch ihre Besitzer, wobei nur die besten und kräftigsten Bäume überleben durften. Direkt vor dem Eingang zum Hof Milordi stehen die vielleicht eindrucksvollsten Exemplare.

Die etwas steilere Fortsetzung des Fahrweges ist betoniert, aber trotzdem bei Nässe recht rutschig. Das Wegstück endet in einem kleinen Pass, auf der anderen Seite steht die Kirche der Madonna vom Guten Rat (Madonna del Buon Consiglio) in **Bagnolo** (2.15 Std.) zwischen hohen Zypressen. Das Schild »S1 S. Bartolomeo« des CAI Salò in der Toreinfahrt weist den weiteren Weg. Bleibt man stattdessen auf dem Sträßchen, auf dem man hierhergekommen ist, erreicht man nach 5 Min. einen rechts unterhalb liegenden bewirtschafteten Hof (Agritur), dessen Parkplatzüberfluss auf die Mengen hochsommerlicher Wochenendgäste hinweist.

Unser Weg führt nach der Tordurchfahrt mit rot-weißer Markierung und gelegentlichen Schildern (»San Bartolomeo«) zu einem großen Hof, dessen Gebäude wir queren und dann Weiden erreichen (oft matschig). Ohne Höhenverluste geht es weiter durch orchideenreiche Wiesen und Buschwald (Bienen- und Fliegenragwurz, Pyramidenorchis, Italienisches Knabenkraut, Weißes Waldvögelein, Flaumeiche, Perückenstrauch), es bieten sich schöne Ausblicke nach Südwesten über das Tal der Madonna del Rio und auf den nahen Berg von San Bartolomeo. Im **Sattel Passo La Stacca** oberhalb des Ortes Serniga kann man erstmals hinunter auf den See schauen, ab hier finden sich Hinweiszeichen auf die BVG, den Wanderweg **»Bassa Via del Garda«,** der seit Ende der 90er Jahre die Gardasee-Gemeinden Salò und Limone verbindet. Zum Rot-Weiß der üblichen Wegmarkierungen kommen mit ihm noch (gelegentlich und noch lange nicht überall) Dreiecke mit einem weißen Kleeblatt auf grünem Grund hinzu. Dies ist das Zeichen des »Parco Al-

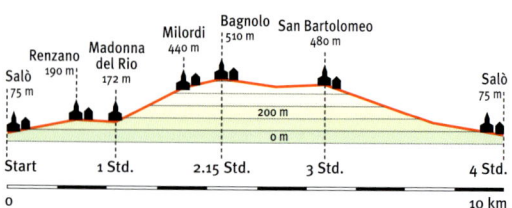

Von Salò über Madonna del Rio und Bagnolo nach San Bartolomeo

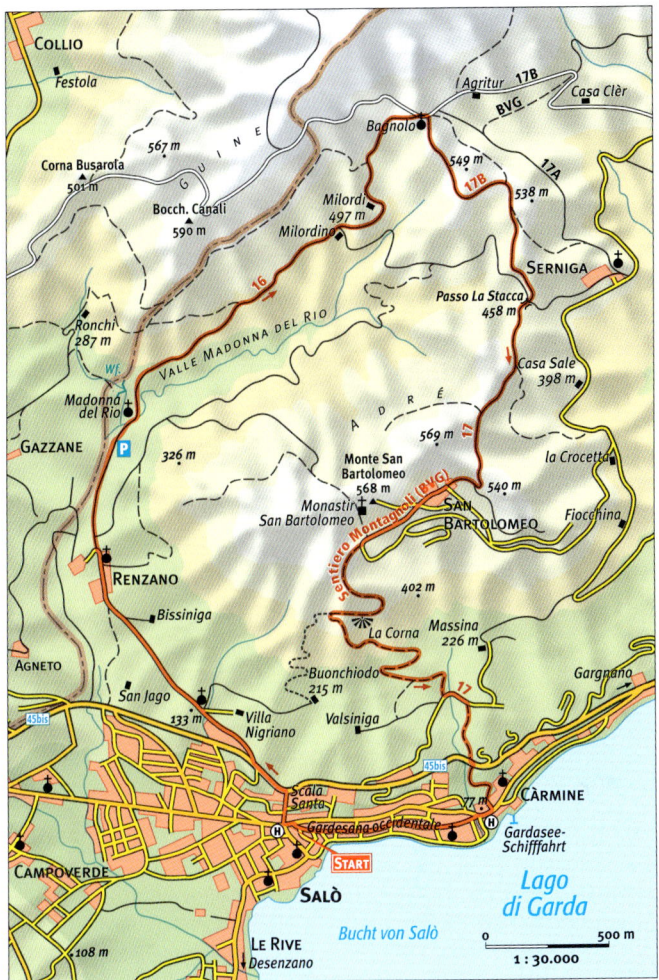

to Garda bresciano«, wie sich die Region nennt, was aber keine Auswirkungen auf irgendwelche Entscheidungsfindungen hat, beispielsweise im Bereich des Umwelt- und Naturschutzes.

Wir gehen weiter in Richtung San Bartolomeo, dessen erste Häuser nach kurzer Steigung erreicht sind. Kirschbäume zeigen das gegenüber dem 400 m tieferen Gardasee kühlere Klima an. Man quert den Zweithausort **San Bartolomeo** (zwei Agriturismo-Wirtschaften haben am Wochenende geöffnet) auf seinem Hauptsträßchen, das plötzlich vor einem Tor endet (3 Std.), links und rechts geht es weiter, die Fortsetzung geradeaus ist für Autofahrer versperrt! Wir gehen ganz einfach an

Von Salò über Madonna del Rio und Bagnolo nach San Bartolomeo

Mächtige Esskastanien-Bäume spenden im Sommer angenehmen Schatten.

der Schranke vorbei und haben rechts über uns die Kirche von San Bartolomeo, die einen Besuch lohnt, vor allem wegen des Traumausblicks von der Zypressenterrasse vor dem Eingang.

Der gesperrte Fahrweg macht nach ein paar Minuten eine Linkskurve, hier führt ein markierter Weg geradeaus in den Wald weiter. Er ist als **»Sentiero Montagnoli«** gekennzeichnet und gehört zum Wegsystem der Bassa Via del Garda, deren südlichsten Abschnitt er darstellt. Wir folgen ihm recht steil durch Wald, einige frühere Ackerterrass-

en bleiben rechts, dann windet sich der Weg nach links und mündet schließlich auf einem Asphaltsträßchen. Ein großes Schild macht auf den Parco und den Verlauf des Wanderweges Bassa Via del Garda aufmerksam. Auf diesem Sträßchen geht es ca. 100 m nach links und dort auf ein rechts abzweigendes Sträßchen. Bald darauf kommen wir zur Gardesana, überqueren diese, gehen weiter hinunter und sind in ein paar Minuten auf der Viale Landi, die nach links zur Altstadt und zum Ausgangspunkt am Lungolago von **Salò** (4 Std.) führt.

Gumpen und Dolomitfelsen

Von Colomber durch das Val di Sur auf den Monte Spino

Der gezackte Kamm des Monte Spino ist ein beliebtes Tourenziel, zumal am Fuß des Gipfelaufbaus eine bewirtschaftete Hütte lockt. Unser Anstieg benützt den wohl schönsten Zustieg, der dennoch einer der einsamsten ist.

DIE WANDERUNG IN KÜRZE

Anspruch: ++

Gehzeit: 6.30 Std.

An-/Abstieg: 1100 m

Charakter: Lange und recht anstrengende Bergtour auf meist guten Wegen und Steigen durch Wald-, Bergwiesen- und Schrofengelände, im Talabschnitt auf Erdsträßchen.

Ausrüstung: Trinkwasser, außerhalb der Öffnungszeiten der Hütte Verpflegung

Wanderkarte: Kompass 102

Einkehr und Unterkunft: Rifugio Pirlo allo Spino (✆ 036 52 03 47)

Anfahrt: Mit dem PKW: Colomber ist von Salò und Gardone auf einer kurvenreichen asphaltierten Straße zu erreichen. Schilder nach San Michele bzw. Serniga beachten. **Mit dem Bus:** Bus nach Gardone/Salò ab Brescia, Desenzano und Gargnano/Riva, nach Colomber keine Busverbindung. **Zu Fuß:** Auf Weg 8 von Barbarano (zwischen Gardone und Salò) hin/zurück ca. 2 Std.). In diesem Fall Übernachtung empfohlen.

Der **Monte Spino** (1488 m) ist, wie man von erhöhten Aussichtspunkten des Monte Baldo erkennen kann, nur einer von drei Gipfeln einer Kette, die über den Monte Pizzòcolo (1582 m) zum Monte Zingla (1497 m) reicht. Während der am weitesten vom See entfernte Monte Zingla keine Schutzhütte hat und auch weniger besucht wird, sind Monte Spino und Monte Pizzòcolo durch das genau zwischen ihnen liegende Schutzhaus Pirlo allo Spino erschlossen und beliebte Wanderziele. Der Monte Pizzòcolo ist trotz seiner eindrucksvollen Form ein zahmer Berg, hingegen ist der Monte Spino eher etwas für Kletterer, doch auf dem hier beschriebenen Weg ist er auch gut von Wanderern zu bewältigen. Die Hütte ist häufig eigenständiges Ziel von Wanderern, liegt sie doch noch im gemütlichen Wandergelände, und das nur eine Gehstunde vom nächsten Parkplatz (Il Palazzo) entfernt! Der ehemalige Alpini-Unterstand ist eine ästhetische Zumutung, aber die Freundlichkeit der Wirtsleute und das gute Essen machen den negativen ersten Eindruck schnell wieder wett.

Unsere Wanderung beginnt bei der Trattoria/Bar in **Colomber**, die auch diesen Namen führt. Ein Schot-

Von Colomber durch das Val di Sur auf den Monte Spino

tersträßchen, das allmählich zum immer schlechteren Fahrweg wird, führt links an der Trattoria vorbei in das hier noch breite Tal des Torrente Barbarano, das **Val di Sur.** Zunächst wird der Wald noch von Wiesen unterbrochen, dann umfängt er uns völlig. Im Vorfrühling blühen hier Blaustern, Schneerose und die eng verwandte Stinkende Nieswurz, Kurzstängelige Primel und Massen von Schneeglöckchen. Man passiert einen ersten Waldparkplatz, ab dem nur noch Allradfahrer sich weiter wagen sollten, beim zweiten, mit Schild »Verghine«, ist dann auch für diese Schluss (45 Min.). Die Fortsetzung unseres Wegs, ab hier nur noch ein Fußweg und recht holprig, ist auf einem Schild mit der »1« gekennzeichnet.

Fünf Minuten später und oberhalb zweier Wasserfälle muss der Barbarano-Bach gequert werden (auch bei Tauwetter im Frühjahr, wie der Autor Ende März feststellte, nicht problematisch), das Schild auf der anderen Seite weist nicht nur auf die Fortsetzung (im Bachtal) auf Weg 1 sondern auch auf einen hier beginnenden Weg 25, den Weiterweg in früheren Auflagen dieses Buches, der jedoch inzwischen im Verfallen begriffen ist. Immer wieder gibt es wie auch schon im unteren Teil der Wanderung Gelegenheit zum Baden, denn der Bach fließt nicht einfach friedlich dahin, sondern hat sich mit Sinterablagerungen viele Staustellen gebildet. Über diese oft gelblich gefärbten Barrikaden stürzt er in kleinen Wasserfällen. Oberhalb und vor allem unterhalb dieser Mini-Wasserfälle laden die Gumpen, oft recht tiefe Wasserlöcher, zum Bade.

Also rechts und weiter am Bach entlang, wenig oberhalb muss wieder auf die andere Bachseite gequert werden, gut 25 Min. später dann nochmals. Nach dieser und einer weiteren Querung windet sich der Weg nach rechts in ein Seitental hinauf, der Bach springt dort über eine Reihe von Sinterfällen talab. An einer gefassten Quelle mit Überlauf (2.15 Std.) gabelt sich der Weg, hier können mit Klettersteigen vertraute Wanderer nach links und über die kurze aber griffarme Via Ferrata »Spigolo della Bandiera« direkt zum Rifugio Pirlo abzweigen. Alternativ geht man rechts weiter, erreicht ein verfallendes Almgebäude und eine Wiesenzone. Noch ein kurzes Stück Weges durch Wald und wir stehen am Passo die Spino (1160 m) mit verfallendem Stallgebäude, Vogelbeobachtungsstation im ehemaligen Wohnhaus und Resten von Weltkriegsstellungen (2.45 Std.).

Am Pass findet man nach rechts, am ehemaligen Stall vorbei, den Ab-

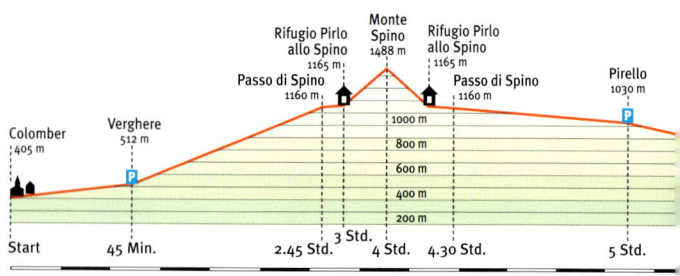

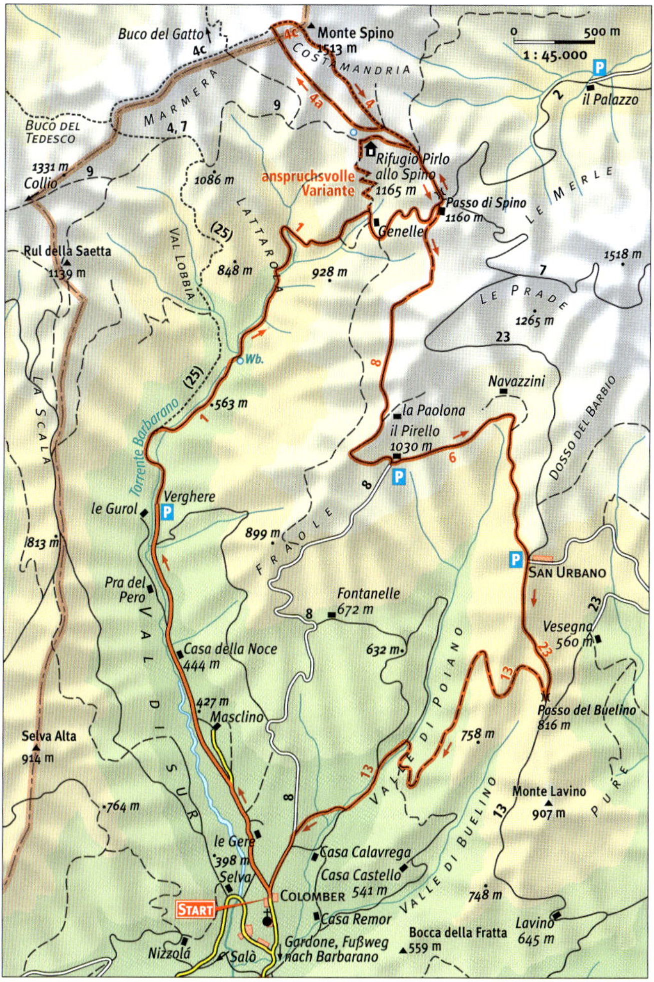

Von Colomber durch das Val di Sur auf den Monte Spino

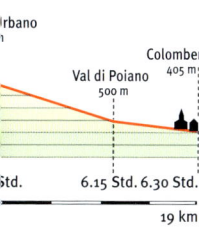

stiegsweg (Weg 8). Auf der Nordostseite (gegenüber der Aufstiegsseite) führt ein Weg hinunter zum »Palazzo« und zu einem Fahrsträßchen in Richtung Toscolano, auf dem die meisten Wanderer und vor allem die Mountainbiker ankommen (Weg 2, siehe Tour 24). Nach links geht es weiter zur Schutzhütte Rifugio Pirlo allo Spino und zum Monte Spino

Von Colomber durch das Val di Sur auf den Monte Spino

(Wege 3, 4 und 9), ein weiterer Weg führt halbrechts in den Hang hinein und zum Monte Pizzòcolo (Weg 5, zu diesem und zu Weg 3 siehe Tour 24). Zum Monte Spino also nach links!

Für den Weg auf den Gipfel des Monte Spino nimmt man am besten den Rundweg, der durch die Wege 4 A und 4 gebildet werden. Weg 4 A beginnt noch bevor man die Hütte Pirlo allo Spino (3 Std.) erreicht hat und etwas oberhalb, durch Bergwiesen und Wald erreicht man den schrofigen Kamm, der vom Monte Spino nach Südwesten zieht. Auf einem Joch geht es links mit 4 C über den Kamm in Richtung Buco del Gatto (»Katzenloch« – dieser Steig ist nur für Geübte, wie ein Schild klar macht), auf den Gipfel des Monte Spino (1488 m, 4 Std.) geht es rechts und wieder mit 4 C. Der Abstieg erfolgt dann in der Südostflanke auf Weg 4 und wieder vor allem über blumenreiche Wiesen hinunter zum Rifugio Pirlo allo Spino und weiter zum **Passo di Spino** (4.30 Std.).

Mehr oder weniger geradeaus weiter auf Weg 8 am Stall vorbei (oder durch ihn hindurch), der Weg ist ab hier ein für Forstfahrzeuge verbreiterter Fuhrweg. Wenig auf und ab, vor allem Buchenwald, dann eine Wiese (»**Pirello**«, 5 Std.) und freier Ausblick, ab sofort geht es bergab weiter. In einer scharfen Linkskurve des Erdsträßchens zweigt Markierung 8 zunächst als Weg hinunter nach Colomber ab, wer in Zeitnot ist, kann ihn zum Ausgangspunkt nehmen, spart etwa 40 Minuten, muss aber fast ausschließlich auf großteils asphaltierter Straße laufen. Schöner ist der Weiterweg auf dem Sträßchen und nunmehr mit der Markierung 6: Nach zwei Gebäuden und einer starken Rechtskurve erreicht man eine Kreuzung, wo man sich links hält und gleich wieder rechts abzweigend einen schattigen Waldweg erreicht. Auf diesem quert man das oberste Valle di Polano, an der tiefsten Stelle wird der Weg zur Forststraße, auf einem Rücken am anderen Ende des Tales steht man unmittelbar vor der Örtlichkeit **S. Urbano** (872 m, 5.30 Std.) mit Parkplatz für diejenigen, die ab hier zum Monte Pizzòcolo oder Monte Spino gehen und nicht wissen, was sie im Val di Sur versäumt haben!).

In S. Urbano gabelt sich noch vor dem Parkplatz die Straße, man nimmt den rechten, in einen Esskastanienhain führenden Ast. Es geht hinunter auf ein lang gezogenes Joch, den **Passo Buelino** (816 m). Nummerierte Singvogelfanganlagen mit Käfigen für die Lockvögel und ein Unterstand für die »Jäger«, davor ein Schild, das warnt, man betrete ein »Jagdgebiet«. Wir brauchen das eigentliche Joch gar nicht zu betreten, denn unmittelbar beim Austritt aus dem Wald führt rechts im spitzen Winkel Weg 13 zurück. Durch Wald, zuerst das oberste Valle Buelino, dann den unteren Bereich des Valle di Polano querend, geht man bis zu Straße nahe **Colomber** (6.30 Std.) hinunter, das man nach links gehend in wenigen Minuten erreicht.

Diebesweg zum Monte Pizzòcolo

Tour 24

**Von Maerni durch das Valle di Campiglio
und auf dem Sentiero dei Ladroni zum Monte Pizzòcolo**

Der schönste Anstieg auf den Monte Pizzòcolo, dessen Profil jeder kennt, der den Gardasee besucht, führt von der seeabgewandten Seite über den Sentiero dei Ladroni, den Diebesweg. Das Gipfelpanorama ist unvergleichlich.

DIE WANDERUNG IN KÜRZE

++
Anspruch

6 Std.
Gehzeit

1100 m
An/Abstieg

Charakter: Technisch leichte, aber wegen der Dauer und des Höhenunterschieds anstrengende Bergwanderung auf guten Bergwegen und alten Kriegsstraßen

Ausrüstung: Wasser nur an der Alm Campiglio di Cima, besser mitnehmen

Wanderkarte: Kompass 102

Einkehrmöglichkeit und Unterkunft: Rifugio Pirlo allo Spino (☎ 036 52 03 47)

Anfahrt: Mit dem PKW: Maerni wird von Toscolano-Maderno an der westlichen Gardasee-Uferstraße über die mit Gaino ausgeschilderte Straße erreicht, die am Torrente Toscolano beginnt; in Gaino gemäß Schild »Maerni« zur dortigen Weggabelung. Keine Busverbindung. **Zu Fuß:** Auf der Straße (bis Gaino auch beschilderter Wanderweg) hin und zurück etwa 2.45 Std. In diesem Fall empfiehlt sich eine Übernachtung im Rifugio Pirlo allo Spino.

In **Maerni,** einem aus zwei Häusern bestehenden Weiler, nimmt man bei der Gabelung das rechts weiterführende Schottersträßchen, das durch das Valle di Campiglio zum Passo della Fobbiola führt. Schöne Blicke auf das tief eingeschnittene Tal und hinter der Brücke über den Campiglio-Bach (aber hier für PKW gesperrt) die allerfeinsten, zum Baden einladenden Gumpen, das kann die Gehzeit ganz schön verlängern. Kurz vor Erreichen des Passes zweigt rechts ein Fahrweg ab, der zur **Alm Campiglio di cima** (1.30 Std.) führt.

Hier warten Aussicht, ein altes Kirchlein, Schatten unter alten Bäumen, frisches Brunnenwasser – diesen kurzen Abstecher sollten wir uns nicht entgehen lassen.

Zurück am Passo della Fobbiola, biegen wir links auf den gut rot-weiß markierten Wanderweg 3 ab, den »Sentiero dei Ladroni«. Er führt durch Hochwald und über Magerwiesen, mehrere trockene Bachtäler querend durch den Osthang des felsigen Monte Spino. Pfaffenhütchen und Türkenbund, Hopfenbuche und Akelei, Schwalbenwurzenzian und

Von Maerni durch das Valle di Campiglio zum Monte Pizzòcolo

Herbstzyklame begleiten den Wanderer auf diesem Weg. Der »Sentiero dei Ladroni« trug seinen Namen früher zu Recht. Hier wurde zwar nicht gestohlen, aber dafür geschmuggelt. Am Passo Cavallino della Fobbia verlief die Grenze zwischen dem Deutschen Reich und Venedig, später zwischen Österreich und Venedig, Österreich und Italien. Das Valvestino war österreichisches Zollausschlussgebiet, also konnte man in beide Richtungen schmuggeln. Das musste zwangsläufig auf den wenigen Wegen passieren, auf denen wir auch heute noch wandern,

Straßen gab es ja bis in unser Jahrhundert nicht. Um den Namen »Diebesweg« ranken sich einige Histörchen, die alle nicht so recht mit der geschichtlichen Wahrheit übereinstimmen, sich aber gut anhören.

Man hat nun die Berggestalt des Monte Pizzòcolo vor sich, links über dem Toscolano-Tal sieht man Monte Denervo und Cima Comer (s. Tour 27). Bei Erreichen des Rückens zwischen Monte Spino und Monte Pizzòcolo gehen wir nach rechts zum **Rifugio Pirlo allo Spino** (2.30 Std. ohne den Abstecher zur Alm Campiglio di cima). Eilige können gera-

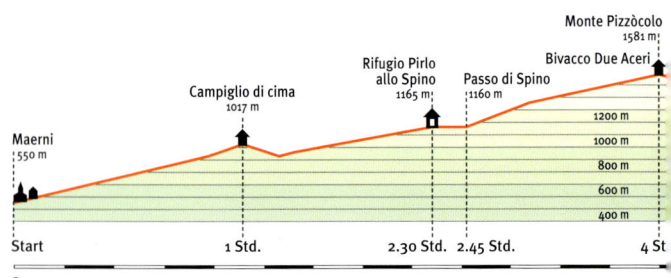

Von Maerni durch das Valle di Campiglio zum Monte Pizzòcolo

Am Gipfel des Monte Pizzòcolo – links die »Due aceri«

deaus zum Passo di Spino weitergehen, vom Schutzhaus sind es nur 15 Min. bis zum Pass. Von hier führt ein kurvenreicher Fahrweg auf den Rücken des Monte Pizzòcolo, alternativ bietet sich ein steiler, in der Falllinie verlaufender Fußweg an, beide Routen beginnen links vom offenen Stallgebäude auf dem Pass und sind rot-weiß und mit der Zahl 5 markiert. Haben wir den Rücken erreicht, geht es flach oder mäßig steigend zum aussichtsreichen Gipfel des **Monte Pizzòcolo** (4 Std.) mit Schutzhüttchen »Due aceri« und kleiner Kapelle. Der Name »Due aceri«, also »die zwei Ahornbäume«, ist berechtigt, die beiden Ahornbäume vor der offenen Hütte sind ein Rest der einstmals den ganzen Gipfelaufbau überziehenden Bewaldung. Der Blick vom Gipfel umfasst die gesamte Baldo-Kette, das Moränenland im Süden des Gardasees und reicht im Norden bis zur Cima Tombea, nur der Blick nach Westen ist durch den nahen Monte Spino eingeschränkt.

Der Rückweg erfolgt bis zum Passo di Spino auf demselben Weg, dort geht es rechts mit Weg Nr. 2 auf einen alten Karrenweg und in Kehren durch Wald zum verfallenden Hof **»Palazzo di Archesane«** (5.15 Std.). Die Wiesen auf diesem Abschnitt der Wanderung sind besonders interessant. Im Frühjahr blühen Krokus, Himmelsschlüssel, Leberblümchen, Schneeglöckchen, Hundszahnlilie, Scilla und Seidelbast. In 800 m Höhe berührt man feuchte Wiesen mit Trollblume, weißer Narzisse und Stängellosem Enzian, typischen Blumen auch nordalpiner Bergwiesen. 200 m höher blühen zur selben Zeit auf einem trockenen Hang in sonniger Lage herrliche Paradieslilien, Weißer Affodil und Graslilien, die deutlich den randmediterranen Süden und tiefere Hänge signalisieren. Die Ausrichtung und der Untergrund haben hier auf engstem Raum die übliche Anordnung der Vegetationszonen auf den Kopf gestellt! Vom »Palazzo« geht es auf einem Schottersträßchen talauswärts und zum Ausgangspunkt in **Maerni** (6 Std.).

Am Wege

Auf der Alm Campiglio di Cima wird altes Siedlungsland betreten, die Gebäude mit der Kirche Madonna della Neve wurden bereits um 1600 errichtet. Die Eingabe eines Priesters an das Bistum Brescia wegen einiger Formalitäten in Verbindung mit dem Kirchenbau, datiert 15. Mai 1602, hat sich erhalten. Kirchweih ist am 5. August, dem Tag des Schneefalls auf den römischen Esquilin, des Festes von Santa Maria Maggiore, Madonna della Neve, Maria Schnee. Heute noch wird das Fest gefeiert! Der einstige Anbau von Hafer und Roggen ist schon längst aufgegeben worden, aber Milchkühe weiden immer noch auf dieser wunderschönen, aussichtsreich gelegenen und mit einem herrlichen Brunnen gesegneten Alm. Ein Tipp für Erfrischungssuchende: Folgt man dem Weg zum Passo Cavallino della Fobbia, der am Sattel hinter der Alm beginnt und zunächst als alter Fahrweg nach links in den Buchenwald führt, kommt man nach einer halben Stunde zu einem Wasserfall mit Versinterungen und einem wunderschönen, schattigen Pool zu seinen Füßen.

Herrlich gelegen: Die Alm Campiglio di Cima

Öl, Wein und Industriearchäologie

Von Fasano nach Sanico und durch das Valle delle Cartiere nach Toscolano-Maderno

Kaum einen Steinwurf vom See entfernt liegen die Dörfer und Weiler des Monte Maderno in einer anderen Welt, einer anderen Zeit. Unten bestimmen touristische Zyklen das Jahr, hier oben die Jahreszeiten in Weinberg und Ölbaumhain.

DIE WANDERUNG IN KÜRZE

Anspruch: +

Gehzeit: 3.30 Std.

An-/Abstieg: 250 m

Charakter: Leichte Wanderung auf breiten Wegen und Gütersträßchen durch bäuerliche Kulturlandschaft

Ausrüstung: Trinkwasser nur in Bezzuglio

Wanderkarte: Kompass 102

Einkehrmöglichkeiten: Bars und Trattorien in Fasano/Bornico bzw. Toscolano-Maderno, in Fasano di sopra und Sanico, Trattoria Fiume im Valle delle Cartiere

Anfahrt: Mit dem PKW: Bornico/Fasano und Toscolano-Maderno liegen an der westlichen Gardasee-Uferstraße, zwischen den beiden Orten bestehen häufige Busverbindungen. **Mit dem Bus:** Ausgangs- und Endpunkt sind miteinander und mit Salò/Brescia/Desenzano sowie Gargnano häufig per Bus verbunden, nach Riva seltenere Verbindung. **Mit dem Schiff:** Maderno ist mit dem Schiff von Mai bis Sept. von allen größeren Uferorten aus zu erreichen, von dort fährt ein Bus nach Bornico/Fasano. Ganzjährig und täglich verkehrt die Autofähre von/nach Torri del Benaco (meist 8.40–18/19 Uhr).

Unser Wanderweg beginnt in **Fasano** an der Gardesana occidentale, der westlichen Gardasee-Uferstraße. Vor hundert Jahren gab es hier noch keine Häuser, dann kam der Straßenbau, und die Bewohner des höher gelegenen Fasano errichteten hier neue Häuser, den Namen brachten sie mit. Das alte Fasano heißt heute Fasano di sopra, Oberfasano, und viele Besucher des Uferortes kennen es gar nicht. Der Bus hält in der Nähe der oberhalb der Uferstraße errichteten Kirche, wir passieren sie in Richtung Gardone und nehmen die erste Abzweigung nach rechts. Das hier beginnende Sträßchen führt hinauf nach Fasano di sopra, querende Straßen beachten wir nicht, erst einem Fuhrweg, der nach dem Friedhof nach rechts zieht, vertrauen wir uns an. Er führt um einen Rücken herum in das Dorf **Bezzuglio** (45 Min.).

Von Fasano nach Sanico und Toscolano-Maderno

Im Valle delle Cartiere

Wir queren den Ort nach rechts, am Ortsende sehen wir links einen Brunnen, aber keine Wandermarkierung, obwohl wir uns auf der Bassa Via del Garda befinden, die BVG, die nicht nur rot-weiß, sondern auch mit weißem Kleeblatt auf grünem Dreieck gekennzeichnet sein müsste. Die Wegführung dieses Salò und Limone verbindenden, möglichst ufernahen Wanderweges ist zwar schon auf Karten publiziert, aber in der Natur noch nicht überall gekennzeichnet. Also begeben wir uns auf den hier beginnenden Fahrweg und späteren Fußweg, der von Lorbeerbäumen gesäumt wird. Mähwiesen mit Ölbäumen, Wald und mediterrane Mischkulturen aus Ölbaum und Wein, die heutzutage äußerst rar geworden sind, säumen den hangparallel verlaufenden Weg. Beim **Gehöft Pezzuglio** geht es nach links hinauf und zu einem hier beginnenden Erdsträßchen, das nach einer Talquerung (Valle di Vesegna) zur Asphaltstraße mutiert.

Auf dieser gehen wir am **Gehöft Magnico** (heute Ferienappartements)

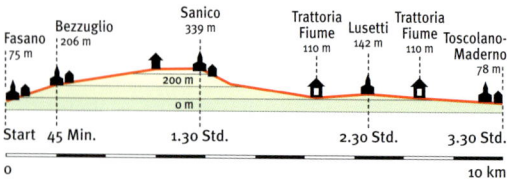

116

VVon Fasano nach Sanico und Toscolano-Maderno

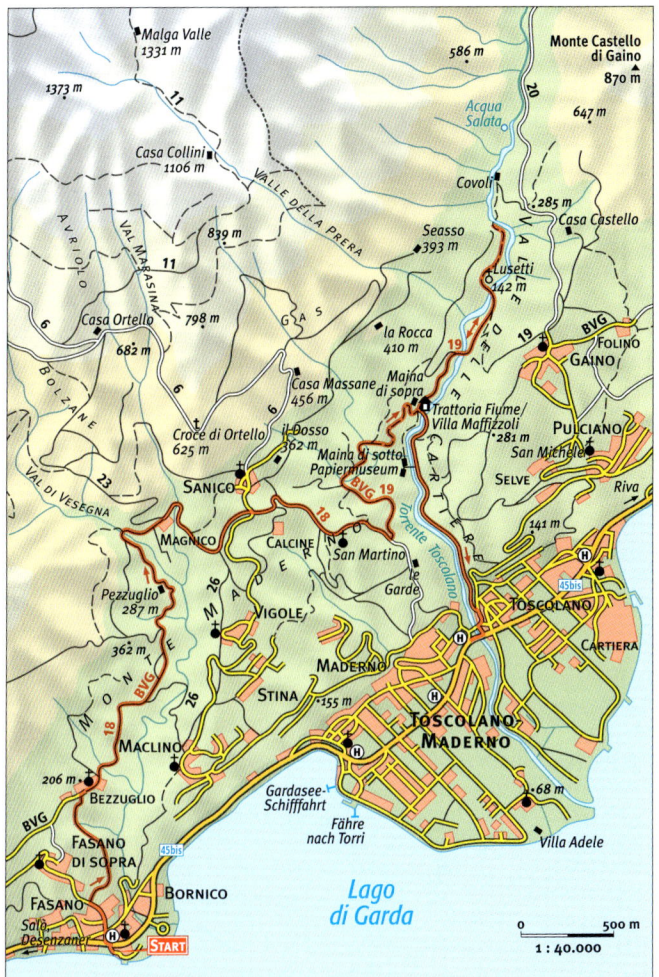

vorbei und zur Straße, die von Toscolano-Maderno zum links oberhalb liegenden **Sanico** hinaufführt (dort gibt es Gelegenheit zu einer Erfrischung; 1.30 Std.). Ohne Abstecher queren wir die Straße in Richtung eines Bildstocks auf der anderen Seite, um dort in der ursprünglichen Richtung auf einem schmalen Sträßchen weiterzugehen. Die Zufahrt zum Friedhof mit der Kirche San Martino sollte zu einem Abstecher verlocken: Von der Kirche mit ihrem Kranz aus Zypressen hat man eine herrliche Aussicht. Wir verlassen das Sträßchen nach etwa 20 Min. auf einem Fahrweg, der im spitzen Winkel nach links führt und nahezu eben angelegt ist (derzeit keine Beschilderung). Er führt durch zwei Tälchen, die in der 100 m tiefen Toscolano-Schlucht enden, und erreicht die **Häusergruppe Maina.** Hier gehen wir scharf nach rechts und hinunter in die Schlucht, die wir bei den Gebäuden der ehemaligen Villa Maffizzoli, der heutigen **Trattoria Fiume,** vor einer Brücke erreichen. Zwar verläuft der weitere Weg jenseits der Brücke talauswärts, wir sollten jedoch auf jeden Fall vorher noch einen Abstecher taleinwärts machen (und eventuell noch vor der Brücke nach rechts gehend dem nahen Papiermuseum – *Museo della Carta* – einen Besuch abstatten).

Das taleinwärts führende Strächen bietet besonders eindrucksvolle Blicke auf die steile Berggestalt des Monte Castello, 750 m über dem Tal und in der Luftlinie nur 4 km entfernt. Es führt nach 800 m über den **Ponte di Vago** auf die andere Talseite, um nach weiteren 600 m den Torrente ein letztes Mal zu queren (vor dem Brücklein zweigt rechts im spitzen Winkel der BVG ab, den wir hier verlassen). Hier steht links unter Zypressen das **Kirchlein Lusetti.** Man wendet sich nach rechts und steht bald vor dem verbarrikadierten Ende des Weges (2.30 Std.). Die folgende Brücke ist nicht passierbar, der Weiterweg verfallen. Wir gehen deshalb zurück zur Brücke bei der Trattoria.

Das Tal des Toscolano-Baches führt in diesem Abschnitt die Bezeichnung »Valle delle cartiere«, »Tal der Papiermühlen«. Der Weg talauswärts führt gegenüber der 1960 aufgegebenen **Papiermühle Maina di sotto** (mit Papiermuseum) vorbei, quert vier Straßentunnel und stößt auf die Reste der **Papiermühle Le Garde.** Ein paar Minuten später ist die Gardesana erreicht und damit der Doppelort **Toscolano-Maderno** (3.30 Std.).

Papierherstellung im Valle delle Cartiere

Das außergewöhnlich reichlich und rasch fließende Wasser des Torrente Toscolano wurde bereits im Mittelalter genutzt: Aus dem Jahre 1381 stammt die älteste Urkunde über eine Papiermühle am Bach! Das Valle delle Cartiere ist ein Dorado für Industriearchäologen. Die sind hier gefragt, denn es ist alles verfallen, teilweise bis zur Unkenntlichkeit. Die letzte Mühle hat 1960 ihren Betrieb eingestellt, aber schon zwei Generationen zuvor war von den bis zu 50 gleichzeitig arbeitenden Papiermühlen des 19. Jh. kaum noch etwas vorhanden. Ein paar Schornsteine sieht man heute noch, verfallene Hallen, in denen einmal Maschinen zur Zerkleinerung, zum Spülen, zum Pressen standen. Im 18. Jh. begann sich das alte Papiermacherhandwerk allmählich zu verändern, die industrielle Revolution hielt Einzug im Tal, und sie kam hier früher als in den meisten Regionen der deutschsprachigen Staaten. Nun wurde die Handarbeit durch Maschinen ersetzt, statt der Einmannbetriebe entstanden größere Fabriken. 1841 gab es 41 Papiermühlen, die Schreibpapier und Papier für Buch- und Zeitungsdruck produzierten, sechs Schmiedehämmer und drei Getreidemühlen im Tal. Das 19. Jh. reduzierte die Anzahl auf eine Hand voll. Diese wiederum waren alle in der Hand einer einzigen Besitzerfamilie, der Maffizzoli, die um 1925 an die tausend Arbeiter beschäftigte. **Museo della Carta (Papiermuseum)** auf vier Stockwerken im ehemaligen Pförtnerbau der Papiermühle in Maina di Sotto, wechselnde Öffnungszeiten in der Infostelle Toscolano-Maderno zu erfragen, ✆ 03 65 54 07 99.

Lilien auf dem Kastellberg

Von Fornico oberhalb Bogliaco auf den Monte Castello di Gaino

Der Monte Castello macht seinem Namen Ehre, er sieht wirklich wie ein Kastell aus, unbezwingbar aus der Perspektive von Toscolano-Maderno. Von Osten ist er dann ganz leicht zu besteigen, ein Drahtseil hilft an einer steileren Stelle.

DIE WANDERUNG IN KÜRZE

Anspruch: ++

Gehzeit: 3.15 Std.

An-/Abstieg: 650 m

Charakter: Leichte Wanderung auf Maultiersträßchen, Waldwegen und Bergsteigen; der schrofige Kamm ist an einer Stelle gesichert, nur deshalb ist die Tour als mittelschwer einzustufen.

Wanderkarte: Kompass 102

Ausrüstung: Trinkwasser

Einkehrmöglichkeiten: Bar in Fornico, Restaurant/Bar in Navazzo

Anfahrt: Mit dem PKW: Fornico liegt oberhalb von Bogliaco an der westlichen Gardasee-Uferstraße (Schilder nach Zuino).
Mit dem Bus: Busverbindung nach Bogliaco von Brescia/Desenzano und Gargnano/Riva, von dort aus zu Fuß über Weg 41 (Beginn links gegenüber der Kirche von Bogliaco, hin/zurück ca. 50 Min.).

Beste Jahreszeit: Im Vorfrühling, Ende Feb.–Anfang März

In **Fornico** wendet man sich auf dem Asphaltsträßchen mit Weg 19 nach **Zuino,** wo man am Ortsanfang eine steile zementierte Straße erreicht, die links an der Kirche vorbei in den Wald und in ein Bachtal hineinführt (Weg 40, rot-weiß markiert). Nach Passieren eines Bildstocks, der links oberhalb der Straße steht, zweigt links ein Maultierpfad ab. Dieser ist deutlich markiert und führt zunächst in ein Seitental und dann im Bogen als Fahrweg hinauf zur Asphaltstraße bei **Navazzo** (1 Std.).

Auf dem knapp vor dem Ort erreichten Asphaltsträßchen wenden wir uns nach links, unterhalb der nahen Kirche Santa Maria Assunta entlang dem Hangfuß nach rechts. Beim nächsten Fahrweg, nur eine Minute später, halten wir uns links und erreichen durch Wald ansteigend einen **Sattel.**

Wir queren ein Sträßchen und gehen in gleicher Richtung weiter auf einem deutlich mit rot-weiß und dem Schild »Monte Castello« gekennzeichneten Weg in den Wald. Zu den rot-weißen Markierungen kommt zuweilen das Zeichen »T2« hinzu, zusammen führen sie uns auf den Nordwesthang des Monte Castello, meist durch Hainbuchenwald, in dem während des Frühjahrs sehr viele Hundszahnlilien blühen. Dort, wo man die Scharte zwischen dem östli-

Von Fornico oberhalb Bogliaco auf den Monte Castello di Gaino

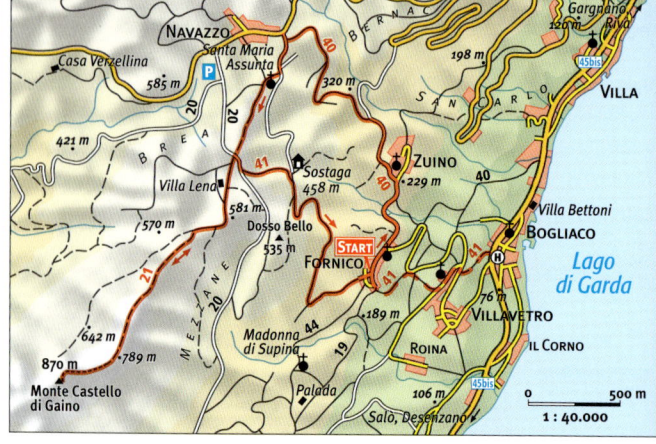

chen Gratturm und dem Gipfel erreicht, kann man den Vegetationsunterschied zur Südflanke betrachten. Hier feuchter Hainbuchenwald, dort extrem trockenes Steineichengebüsch. Von der Scharte geht es rechts weiter und steil, zuletzt sogar (eher unnötig) gesichert, durch die Nordostflanke hinauf, und im Nu steht man am Gipfelkreuz des **Monte Castello di Gaino** (2 Std.) mit herrlichem Ausblick auf den Ost- und Südteil des Gardasees, auf das Delta von Toscolano-Maderno, den Monte Pizzòcolo gegenüber und den Monte Baldo jenseits des Sees. Man sitzt auf der geräumigen Plattform unter dem Gipfelkreuz auf warmem, leuchtend elfenbeinfarbenem Kalkgestein.

Schließlich müssen wir zurück zum Sattel mit dem querenden Strässchen (2.45 Std.), auf dem wir nach rechts gehen und nach 100 m Weg 41 sowie der rot-weißen Markierung nach links folgen. Wir queren Weiden und erreichen im Abstieg das **Sommerheim Sostaga**, das links bleibt. Ein Weg führt von der Zypressenallee abwärts, wir folgen ihm durch den sonnigen Hang hinunter nach **Fornico** (3.15 Std.).

Die schönste Jahreszeit für diesen Weg ist, wir wollen es nochmals erwähnen, der Vorfrühling. Wenn die Luft Ende Februar oder Anfang März noch ganz klar ist, wenn noch kein sommerlicher Dunst den Fernblick verwehrt, wenn unter den Buchen

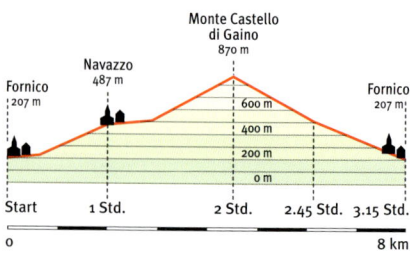

Von Fornico oberhalb Bogliaco auf den Monte Castello di Gaino

die Leberblümchen aufgeblüht sind und die Sterne der Hundszahnlilien leuchten, die Kornelkirsche ihre gelben Blüten zeigt und in den Wiesen der wilde Krokus steht, neben Schopfträubelchen, Veilchen und Stengelloser Primel (und sich keine anderen Touristen auf dem Weg tummeln), dann wird diese Tour zum unvergesslichen Erlebnis.

Gleicht einem unbezwingbaren Kastell: der Monte Castello di Gaino

Grüner Aussichtsberg

**Von Sasso zur Einsiedelei San Valentino,
auf die Cima Comèr und den Monte Denervo**

In senkrechten Felsen liegt die Einsiedelei San Valentino hoch über dem Gardasee, der Ausblick umfasst den unteren See und den Monte Baldo. Die herrlichen Rotbuchenwälder um den Monte Denervo, noch einmal 700 m höher, sind ein kühles Sommerwanderziel.

DIE WANDERUNG IN KÜRZE

Anspruch: ++

Gehzeit: 5 Std.

An-/Abstieg: 1050 m

Charakter: Mittelschwere Bergwanderung auf meist markierten Wegen und Steigen, einzelne Wegstücke nahe an Abstürzen, Vorsicht vor allem mit Kindern!

Ausrüstung: Trinkwasser

Wanderkarte: Kompass 102

Einkehrmöglichkeiten und Unterkunft: Trattoria Le Fontane in Briano, Baita degli Alpini (offene Hütte des ANA Gargnano)

Anfahrt: Mit dem PKW: Fahrstraße von Gargnano an der Gardesana occidentale bis Sasso. **Mit dem Bus:** Täglich ein Bus von Gargnano nach Magasa (s. Tour 34) und zurück mit Haltepunkten an der Abzweigung nach Sasso, 1,5 km vom Ort entfernt. **Zu Fuß von Gargnano:** Der gut markierte Wanderweg 37 verbindet Gargnano über Musaga mit Sasso. Er startet in Gargnano an der Straße nach Magasa/Valvestino, 80 m nach deren Beginn auf der rechten Seite. Gehzeit hin 1.45 Std., zurück 1.15 Std. Übernachtung sinnvoll.

Beste Jahreszeiten: Frühes Frühjahr bis Spätherbst

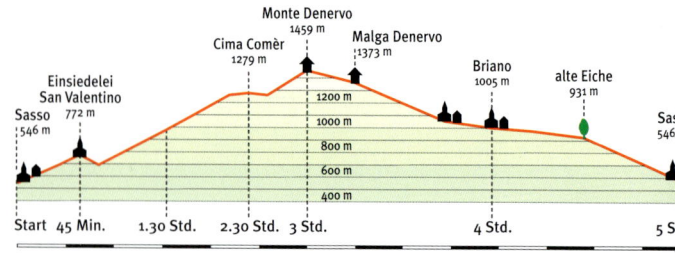

Von Sasso auf die Cima Comèr und den Monte Denervo

Sasso, Ausgangsort dieser Tour, im Hintergrund der Monte Castello di Gaino

Sasso ist eines der kleinen Dörfer des Monte di Gargnano, wie der sonnenbeschienene Hang über Gargnano samt seinen Dörfern, Ackerterrassen, Ölbaumhainen, Kastanienwäldern, seinen Villen sowie den Maultierstraßen genannt wird. Darüber liegen kühle Waldberge mit weichen Formen, die zum Gardasee hin mit gewaltigen Felsfluchten abstürzen. In einer dieser Felsfluchten liegt unter der aussichtsreichen Cima Comèr die Einsiedelei San Valentino, erstes Ziel dieser Tagestour.

In **Sasso** nehmen wir an der Piazzetta am Ortsanfang (Parkmöglichkeit) das schmale Hauptsträßchen, an dessen Ende sich bei einem Brunnen und Waschplatz eine erste Markierung findet. Sie zeigt die Nr. 31 und das Rot-Weiß, das uns meist als Bodenmarke begleiten wird. Der Hinweis auf dem Schild »Briano 1 ora« ist auch ohne Abstecher zur Einsiedelei etwas optimistisch. Es geht zunächst eben durch die landwirtschaftlich genutzten Terrassen des Ortes, Kastanien spenden Schatten. Wo der Wald erreicht wird, beginnt der hier als Maultiersträßchen ausgebaute Weg zu steigen, quert ein wasserführendes Tälchen und trifft nach einer weiteren Steigung auf eine Weggabelung – mit herrlichem Ausblick, denn sie liegt direkt am Felsabsturz!

Wir gehen nach rechts, der Weg führt auch hier rot-weiß markiert (ältere blaue Zeichen sind ebenfalls zu sehen) in 10 Min. in ein steiles Felstal hinunter und wieder aufwärts zur **Einsiedelei San Valentino** (45 Min.). Das kleine, halb in den überhängenden Felsen gebaute Kirchlein wurde um 1650 auf Grund eines Gelübdes errichtet: Während der Pest hatten sich Menschen hierher geflüchtet und waren verschont geblieben. Das Frischwasser, dargestellt auf dem Altarbild mit dem Einsiedler Valen-

Von Sasso auf die Cima Comèr und den Monte Denervo

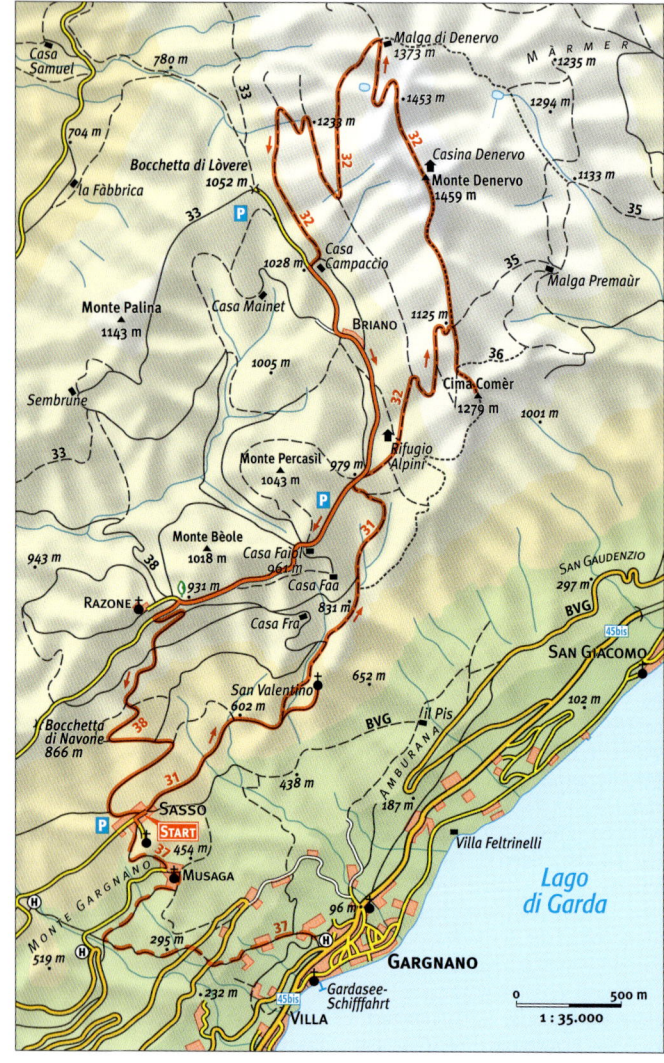

tin, der hier ein paar Jahre gelebt haben soll, quillt immer noch aus dem Felsen neben der Einsiedelei. Wenn sie geschlossen ist (was sehr wahrscheinlich ist), entschädigt das Panorama von der Aussichtsterrasse: Nicht nur der Monte di Gargnano ist in Einzelheiten zu erkennen, sondern der gesamte Südteil des Sees (die neue – leichte – Via attrezzata führt hinunter zum B.V.G.).

Wir gehen zurück zur Gabelung und dann auf dem anderen Wegzweig weiter. Der Anstieg nutzt ein trockenes Bachtal in schattigem Wald, quert nach rechts in den Hang, erreicht ein weiteres trockenes Tälchen und führt durch hochstämmigen Laubwald zu den Wiesen und Weiden von Briano mit dem dorthin führenden **Asphaltsträßchen** (1.30 Std.).

Hier gehen wir rechts und nach 50 m wieder rechts auf ein durch Schilder gekennzeichnetes Sträßchen zum nur an Sonn- und Feiertagen im Sommer bewirtschafteten Rifugio Alpini. (Ganz Hungrige und Durstige können an dieser Stelle geradeaus gehen und erreichen nach 1 km die Trattoria von Briano.) Der rot-weiß markierte Weg 32 führt weiter in den Wald hinauf und in ein paar Kurven zu einer bewaldeten Scharte im Kamm zwischen Cima Comèr (rechts) und Monte Denervo (links). Nun geht es nach rechts (Schild und Markierungen) und zur **Cima Comèr** mit ihrem allseitigen Aussichtspanorama (2.30 Std.) und atemberaubenden Tiefblicken: die 1200 m tiefer gelegene Uferstraße ist nur 3 km Luftlinie entfernt!

Wir gehen zurück zur Scharte und jenseits hinauf zum Monte Denervo, der Weg ist hier wieder mit der Nr. 32 markiert. Nach einem Hochspannungsmast ist er etwas unangenehm zu gehen, da er über einen zum Teil stark verkarsteten Felsgrat führt. Den **Monte Denervo** erreichen wir bei einer heute als Unterstand genutzten Almhütte, der **Casina Denervo** (3 Std.). Jetzt kann man gut erkennen, dass die vom See aus so bedeutend wirkende Erhebung keineswegs die höchste des Bergzuges ist, sondern eine namenlose Erhebung etwas weiter nördlich in den von einigen großen, uralten Rotbuchen bestandenen Almwiesen, die sich hier oberhalb des Waldes erstrecken. Einige der Baumriesen wurden von Blitz und hohem Alter gefällt. Im Frühjahr blühen auf diesen Wiesen Schneeglöckchen, Hundszahnlilien und die blaue Scilla.

Etwas tiefer liegt die immer noch bewirtschaftete Alm Denervo, von der man nach Briano hintergeht, der markierte Weg beginnt unmittelbar vor den Almgebäuden. Er führt in mehreren Spitzkehren durch herrlichen Buchenwald in ein Zweihausgebiet, wo er sich nach links am Waldrand entlang schlägt, um nach ca. 600 m abrupt die Richtung zu wechseln und auf schmalem Weg zwischen Hecken nach rechts und abwärts zum Asphaltsträßchen von **Briano** zu führen (4 Std.). Links geht es weiter auf diesem Sträßchen, die moderne, mit viel Holz rustikal ausgestattete Trattoria in Briano lädt zur Einkehr (und wenn es nur für ein Weißbier ist).

Dann passieren wir wieder die Wegzeichen des Hinwegs, denen wir aber jetzt keine Beachtung schenken, sondern wir folgen weiter dem Asphaltsträßchen. An einer Wegkreuzung steht rechts eine riesige **alte Eiche,** hier heißt es aufpassen, denn nur ein paar Meter weiter zweigt links unser Abstiegsweg nach Sasso ab (4.30 Std.): Zunächst noch als relativ breites Forststräßchen, rot markiert und mit Nr. 38 gekennzeichnet, führt er ohne Orientierungsprobleme in ein paar Serpentinen hinunter zur Piazza von **Sasso** (5 Std.).

Wald- und Wiesenidylle

Von Olzano zum Passo d'Ere

Die Berggemeinde Tignale hoch über dem Gardasee umfasst Bauernland und Waldland. Ein einsamer Wanderweg führt durch Wiesen und Wald bis an den Rand der von Straßen und Schützengräben des Ersten Weltkriegs zerschürften Schrofenregion.

DIE WANDERUNG IN KÜRZE

Anspruch: +

Gehzeit: 4.30 Std.

An-/Abstieg: 550 m

Charakter: Leichte Bergwanderung auf alten Maultierstraßchen und Waldwegen

Ausrüstung: Trinkwasser

Wanderkarte: Kompass 102

Einkehrmöglichkeiten: Nur in Olzano am Ausgangspunkt und in Aèr knapp vor dem Ende der Tour

Anfahrt: Mit dem PKW: Olzano ist von der westlichen Gardasee-Uferstraße aus auf der kurvenreichen Bergstraße nach Tignale über Gàrdola zu erreichen.
Mit dem Bus: Busverbindungen von Gargnano an der östlichen Gardasee-Uferstraße (dorthin Bus und Schiff) nach Gàrdola (Tignale), von dort aus zu Fuß auf dem Verbindungssträßchen (25 Min. hin/zurück).

Die Gemeinde Tignale besteht aus mehreren Orten, Weilern und Einzelhäusern, die durch steile Bachtäler voneinander getrennt sind. Auf dem Weg von Olzano zum Passo d'Ere kommt man durch früher dichter besiedeltes Streusiedlungsgebiet, das heute allmählich wieder vom Wald erobert wird.

In **Olzano** nehmen wir das Sträßchen, das zu den Sunclass Bungalows und zum Dosso Piemp führt. Nachdem wir die Zufahrt zur Bungalowanlage passiert haben (sie bleibt rechts), umwandern wir einen Bergrücken, queren ein bewaldetes Tal mit einem Brunnen an der tiefsten Stelle und steigen zu einer Ebene mit

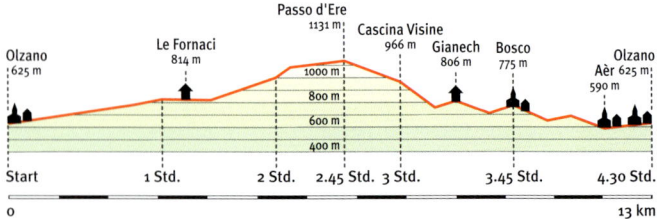

Von Olzano zum Passo d'Ere

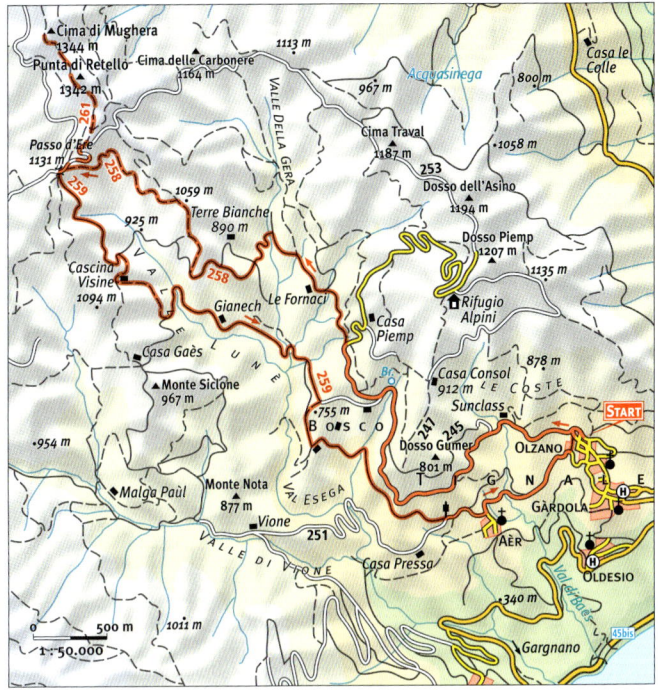

den Häusern des Weilers **Bosco** hinauf. Wir folgen dem zum Dosso Piemp und im weiten Bogen zum Passo d'Ere führenden Sträßchen weiter bis zu einer Gabelung, wo rot-weiße Zeichen und die Zahl 258 nach links weisen (1 Std.). Wir verlassen also das Sträßchen nach links auf einem Fahrweg, der zum Hof **Le Fornaci** führt, eine Abzweigung nach rechts hinauf (Schild »Area faunistica«) ignorieren wir. Der ab hier schlechte Fahrweg quert zwischen den Gebäuden des Hofes und zieht nach links in einen Taleinschnitt mit Buchen und einem Wasserlauf. Auf der Wiese, die nun durchquert wird, steht links ein gut erhaltener Steinbau, jenseits geht es wieder in den Wald hinein – für den Aufstieg sollte dies die letzte Wiese sein. Der Weg quert ein Trockental und wird steiler. Man steigt durch Buchen-, Kiefern- und Goldregenwald, Markierungen helfen an zwei Weggabelungen. Der Hof Terre Bianche bleibt irgendwo rechts hinter den Bäumen, während sich der Wanderweg in das obere Valle Lunè hinaufschraubt. Hinweise auf eine Capanna beziehen sich auf eine Jagdhütte. Bei einer **Gabelung** auf dem Bergrücken (2 Std.) heißt es aufpassen: links führt ein recht breiter Weg, fast ist es ein Fahrweg, in den Hang hinein und ins Tal hinunter. Geradeaus, aber um einen Meter von der ursprünglichen Richtung nach rechts verschoben, verläuft ein schmaler Fußweg, das ist der Weiterweg (wer hier schon genug hat, der geht nach links, quert das Bachtal und erreicht die Ca' Visine des Rückwegs!).

Von Olzano zum Passo d'Ere

Der Weg bleibt schmal, der Rücken auch (Blicke nach rechts in Richtung Dosso Piemp), links dominieren Kiefern den trockenen, recht steilen Hang. Nach einer Viertelstunde wendet sich der Weg vom Rücken weg in den bewaldeten Hang hinein und quert ihn auf fast ebener Trasse in etwa 25 Min., viel zu kurz – ein wunderbarer Weg durch wunderschönen, lockeren Wald in großer Einsamkeit.

Die heutigen, oft uniformen Wälder sind zum Teil erst im 19. Jh. durch extensiven Holzeinschlag entstanden, insbesondere die früher viel bedeutenderen bäuerlichen Edelkastanienwälder hat man damals durch die Papiermühlen gejagt. Den Kastanienbäumen auf der anderen Seite des Sees blieb dieses Schicksal mangels Wasser für Papiermühlen erspart. Auch die Köhler und die Holzkohleproduktion, die hier einmal sehr wichtig waren, gibt es praktisch nicht mehr. Beim jährlichen Treffen der Holzarbeiter Italiens sind zwar auch immer *boscaioli* dabei, die (auch) Köhlerarbeiten beherrschen, aber sie kommen heute aus Apulien oder der Basilicata. Nur noch Orts- und Flurnamen haben die Köhlertradition bewahrt: Auf dieser Tour kamen wir am Hof Le Fornaci vorbei, was hier Kohlenmeiler bedeutet (anderswo sind damit meist Kalköfen gemeint), ein Gipfel in der Kette nördlich von uns nennt sich Cima delle Carbonere, der Name hat mit Kohlemeilern und Köhlern zu tun.

Wir erreichen die Schotterstraße, die von Olzano über den Dosso Piemp zum Monte di Gargnano führt (s. Tour 27; die Straße ist für normale PKW nicht geeignet). Der **Passo d'Ere** (2.45 Std.) liegt 50 m links von uns. Die ehemalige Kriegsstraße wird heute vorwiegend von Mountainbikern und Motorradfahrern genutzt.

Oberhalb von uns liegt die Schrofenregion der Cima di Mughera, deren gesamte Gipfelregion von Kriegssteigen und Kavernen geprägt ist. Ein Wanderweg führt ab der nächsten Rechtskurve der Schotterstraße in Richtung Olzano nach links hinauf. Wer auf den ersten, von hier aus sichtbaren Gipfel möchte und diese Schrofenregion kennen lernen will, ohne unbedingt auf den höchsten Punkt der Kette zu wollen, muss auf die **Punta di Retello** hin und zurück etwa eine Stunde einkalkulieren.

Der Rückweg beginnt: hinunter auf den direkt am Passo d'Ere beginnenden Weg – nicht auf den eben in den Hang hineinweisenden Weg, der endet bald, sondern in der Falllinie hinunter – es bleibt nicht so steil. Dieser Weg 259 ist nicht durchgehend markiert, umso wichtiger ist das Mitführen der Wanderkarte und eine gute Orientierungsfähigkeit. Wir bleiben zunächst oberhalb des Valle Lunè und erreichen nach einer Viertelstunde das Gebäude der **Cascina Visine.** Der Weg führt rechts vom Haus an einem kleinen Tälchen entlang in den Wald und zu einer tiefer gelegenen Wiese. Dort wenden wir uns bei einer Gabelung nach links und steigen in das Haupttal des **Valle Lunè** hinunter. Jenseits passieren wir nach einem Waldstück die große Lichtung mit dem Haus **Gianech** und wandern über einen Sporn zu einer Talsenke, in der mehrere Bäche zusammenkommen, das Valle della Gera. Jenseits dieser grünen, feuchten und dunklen Wegstrecke geht es wieder hinauf zu den Häusern von **Bosco** (3.45 Std.). Auf dem Wiesenrücken von Bosco angekommen, zuletzt über einen breiteren Fahrweg, stehen wir vor einer Gabelung, ein Sträßchen führt nach links und zur Straße in Rich-

Wald- und Wiesenidylle zwischen Le Fornaci und dem Passo d'Ere

tung Olzano, das andere den Hang hinunter zu einer Häusergruppe. Wir gehen nach rechts (ohne Markierung) den Wiesen- und Weidenhang hinunter, Zeugen einstiger intensiver Nutzung sind augenfällig. Bis vor zwei Generationen waren die Terrassenfelder von Bosco und des gesamten, von uns durchquerten Streusiedlungsgebietes noch bewirtschaftet. Hier wurden Mais, Gerste, Weizen, Buchweizen, Roggen und Hafer, noch früher Flachs und Hanf angebaut. Heute sieht man nur noch ab und zu ein winziges Gemüsebeet mit Kartoffeln, Zwiebeln oder Kohl. Der Wald, der im Mittelalter mühsam gerodet und durch Terrassierungen kultiviert worden ist, kehrt zurück. Die Phase der Urbarmachung hat sich in einem Begriff erhalten: Die *a secco* gebauten Stützmauern und Kulturterrassen tragen den Namen *ronchi,* das Wort stammt vom vulgärlateinischen Verb *runcare* ab, das »roden, urbar machen« bedeutet.

Vor der unteren Häusergruppe von **Bosco** wendet man sich auf einen ungepflegten, allmählich verfallenden Fahrweg, der im spitzen Winkel nach links in den Hang und weiter hinunter durch Streuobstwiesen in ein kleines Waldtal führt. Ab der Bachquerung wird der Weg besser, der nun breitere Fahrweg führt hinauf zu einem Wiesenhang und nähert sich der Straße nach Olzano. Das ficht uns aber nicht an, wir bleiben auf dem Fahrweg und wandern auf ihm hinunter zu den schon sichtbaren Häusern des Dorfes Aèr, das wie Gardòla, Olzano und ein paar andere Orte zur Gemeinde Tignale gehört. An einem Bildstock erreichen wir ein markiertes Sträßchen und gehen auf ihm nach links zu den obersten Häusern von **Aèr.** Hier beginnt das Verbindungssträßchen nach **Gàrdola,** dem wir nach links bis zu den ersten Häusern dieses Ortes folgen, wo sich unterhalb ein kleiner Park befindet. Hier gehen wir links an einem Wasserbecken vorbei und einen schmalen Weg hinauf zwischen Mauern zurück nach **Olzano** und zum Ausgangspunkt (4.30 Std.).

Im senkrechten Fels

Von Campione zum Monte Castello di Tignale und über die Orte Olzano und Aèr zum Prato della Fame

Von Campione zur Gottesmutter vom Monte Castello führt ein Wallfahrtsweg durch eine Klamm und senkrechte Felsabstürze. Vom Gipfel des viel fotografierten Monte Castello hat man eines der schönsten Panoramen der Gardasee-Region.

DIE WANDERUNG IN KÜRZE

Anspruch: ++

Gehzeit: 3.30 Std.

An-/Abstieg: 700 m

Charakter: Technisch leichte, aber streckenweise ausgesetzte Wanderung auf Felsensteigen und alten Ortsverbindungswegen. Der Abstieg zum Prato della Fame ist nur für trittsichere, schwindelfreie Bergwanderer geeignet.

Ausrüstung: Wasser nur in den Ortschaften

Wanderkarte: Kompass 102

Einkehrmöglichkeiten: Bars und Trattorien in allen Orten sowie am Prato della Fame (Ristorante Prà)

Anfahrt: Mit dem PKW: Campione liegt an der westlichen Gardasee-Uferstraße, vom Zielort Prato della Fame verkehren Busse zurück nach Campione. **Mit dem Bus:** Campione ist mit Gargnano/Brescia/Desenzano häufig, mit Riva sowie mit Tignale/Tremòsine seltener per Bus verbunden.

In Campione, unten am See, ist man überzeugt, dass man einen Bären aufgebunden bekommen hat. Es kann einfach keinen einfachen Weg durch diese senkrechten Felswände geben, den auch Wanderer nehmen können. Kletterer, Freikletterer ja, Wanderer nein, sagt man sich. Andererseits, was macht man in diesem Nest, das anscheinend bessere Zeiten gesehen hat, die Baumwollspinnerei ist seit Jahrzehnten zu, die

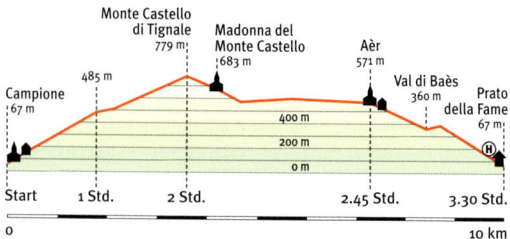

Von Campione zum Monte Castello und zum Prato della Fame

Hausreihen der früheren Arbeitersiedlung stehen herum wie bestellt und nicht abgeholt, und der Großparkplatz verlockt auch nicht gerade zum Verbleib. Also probieren wir's.

Vom einzigen Platz in **Campione** aus queren wir den Torrente auf einer Fußgängerbrücke und gehen nach rechts auf einen Treppenweg. Er überbrückt die alte Uferstraße und windet sich dann in die rechte (südliche) Schluchtwand hinauf. Der Weg ist gut ausgebaut und noch besser zu gehen. Kein Wunder, er wurde als Wallfahrtsweg für diejenigen gebaut, die unten an Land gingen, um zum Gnadenbild der Madonna del Castello zu gelangen, mehr als 600 m über dem See!

Nun erkennt man, worin der Trick liegt, mit dem die schiere Felswand überwunden wird: der Weg führt durch einen Tunnel zu einem Kanal, der hoch über dem Grund der Schlucht von einem Staubecken mit geringer Neigung durch die Steilwand herausgeführt wird, der Weg verläuft direkt daneben. Nicht Schwindelfreie klammern sich jetzt ängstlich an die links begleitende Wand, aber sie haben nichts zu befürchten, denn rechts sichert ein stabiles Geländer den Steg. Es ist sehr dunkel, sehr kühl, sehr feucht. Mit etwas Glück kann man Feuersalamander sehen.

Beim **Staubecken** führt eine Brücke auf die andere Seite der Schlucht, wir lassen sie rechts liegen und wenden uns nach links in den bewaldeten Steilhang. Immer noch ist der Steig ganz unproblematisch, an einer Stelle hat man einen herrlichen Blick auf Campione, die Felswände und den See. Plötzlich ist man an einer Geländekante angelangt und da

Von Campione zum Monte Castello und zum Prato della Fame

ist auch schon die Hochfläche von Tignale unterhalb des Ortes **Prabione** erreicht (1 Std.)!

Wenige Meter vor einem querenden Sträßchen (das zum Informationszentrum für den Parco Alto Garda Bresciano führt – mit Museum des Parks, geöffnet ganzjährig, Mi 10-12 Uhr, IV-X auch Fr 15-17 u. So 10-12 Uhr) geht es nach links und nach 150 m wieder nach links. Wir sehen die Zeichen der »Bassa Via del Garda« (BVG), ein weißes Kleeblatt auf grünem Dreieck, denen wir bis Aèr folgen. Zwei Minuten später geht es wieder nach links, und fünf Minuten später atmen wir auf, dass es nun nach rechts geht, im anderen Falle wären wir nämlich über die Steilwand zum See hinuntergeschickt worden. Nach weiteren 45 Min. stehen wir auf dem Gipfel des **Monte Castello di Tignale** (2 Std.).

Der Monte Castello di Tignale ist einer der schönsten Aussichtsberge am Gardasee. Dass er auch noch leicht zu erreichen ist, von Nicht-Wanderern auf einem Sträßchen und gutem Weg von der Straße Gardòla–Prabione aus, macht ihn zum populären Ausflugsziel. Das kleine, wohl im Ersten Weltkrieg so abgeflachte Gipfelplateau ist aber auch ein Standort, den man nicht so leicht vergessen wird. Die Kette des Monte Baldo jenseits des Sees rückt besonders nahe, ist der See doch hier schmaler als an anderen Aussichtspunkten, wie etwa auf der Rocca di Manerba, dem Monte Castello di Gaino oder der Cima Comèr.

Auf einem stärker frequentierten Weg geht es vom Gipfel auf der anderen Seite hinunter zur Wallfahrtskirche **Madonna del Monte Castello,** der Blick von oben auf Kirche und See ist unvergesslich und beliebtes Fotomotiv. Das Panorama umfasst die südliche Seehälfte und reicht von der Punta San Vigilio, Sirmione und der Rocca di Manerba bis zum Schwemmkegel von Toscolano-Maderno und zum Monte Castello di Gaino.

An der Straße unterhalb des Castello-Berges angekommen, wenden wir uns nach rechts und nach 150 m auf der anderen Straßenseite im spitzen Winkel auf einer Rampe nach links. Die Zeichen für Weg 266 und den BVG setzen erst ein, wenn man den Weg gefunden hat. Durch altes Bauernland geht es hinüber nach **Olzano.** Die alten Maultierpfade in Tignale sind oft nicht mehr gut in Schuss, die Terrassen rutschen nach, die Trockenmauern werden nicht mehr erneuert, Obstbäume werden kaum noch abgeerntet und verwildern, alte Wegkapellen und Bildstöcke abseits der Asphaltstraßen verfallen wie die Häuser an nicht mit dem Auto zugänglichen Stellen. In der Zwischenkriegszeit wie schon vor dem Ersten Weltkrieg sind viele Bewohner dieses Gebietes nach Nordamerika, Australien und vor allem nach Argentinien und Chile ausgewandert. Wer hätte den Verfall bremsen sollen und warum? Der aufmerksame Wanderer findet viele Bilder, die ihn vielleicht nicht ganz unberührt lassen, ein wenig Melancholie ist auf diesem Weg hinüber nach Olzano und Aèr vorprogrammiert.

In Olzano kommen wir in einer Straßenkurve unterhalb des Ortes an, halten uns links und erreichen kurz nach der nächsten Kurve ein nach rechts abzweigendes Sträßchen. Es führt mit wahren Panoramablicken praktisch eben hinüber nach **Aèr**

In schwindelerregender Höhe: die Wallfahrtskirche Madonna del Monte Castello

(2.45 Std.), das wir von oben nach unten durchwandern (zwei nach rechts führende Wandermarkierungen ignorieren wir). Im untersten Ortsbereich führt ein markierter Weg rechts des durch Neubauten zersiedelten Bergrückens weiter. Er quert die herrlichen Wiesen, die sich zu den Seewänden hinunterziehen, ein Ausblick ist schöner als der andere. Wir überqueren die Straße, die von der Gardesana nach Tignale hinaufzieht, jenseits geht es nach links und in das steile **Val di Baès** weiter, das wir queren. Auf der anderen Seite steigen wir hinauf zu den Wiesen unterhalb von Oldesio bis zu einer Weggabelung. Nun heißt es, tief Luft zu holen, nach rechts zu gehen und darauf zu vertrauen, dass der Weg hinunter zum Prato della Fame weniger ausgesetzt ist, als man befürchtet. Nicht Schwindelfreie gehen lieber nach links und hinauf nach Oldesio, nehmen den Bus hinunter nach Gargnano und von dort nach Campione, oder wandern über Gàrdola und unter Auslassung des Monte Castello zurück nach Campione. Wer es sich zutraut, der geht nach rechts und erreicht die Felswände. Der Steig führt nach links in sehr steiles Schrofengelände, Lorbeer, Steineiche, Zypresse und Kiefer stehen an exponierten Stellen. Der technisch unproblematische, aber ungesicherte Steig ist gut in Schuss, und nachdem er sich nach rechts gewendet hat, steht man auch schon über den Limonaien des **Prato della Fame**, quert den Torrente Baès und hat beim Restaurant Prà die **Uferstraße** erreicht (3.30 Std.). Der Name des kleinen Hafens Prato della Fame, Hungerwiese, bezieht sich auf die Bootsleute, die hier, wenn sie aus irgendwelchen Gründen gestrandet waren, verhungern und verdursten mussten, da es keinen Weg entlang des Ufers oder zum über ihnen gelegenen Tignale gab. Der Weg, den wir soeben von Tignale heruntergekommen sind, schuf Abhilfe.

Die Gottesmutter vom Monte Castello

Die Madonna del Monte Castello in Tignale wird von sehr vielen Menschen besucht, wobei die wenigsten den hier beschriebenen Wanderweg wählen. Die meisten kommen mit dem Auto, wobei erst kürzlich die Anfahrt bis knapp unter die Kirche verwehrt wurde, sodass alle nun den Kreuzweg hinauf und hinunter laufen müssen. Das Heiligtum ist übrigens zwischen November und Februar geschlossen, so dass das Innere der frühbarocken Kirchen nicht besichtigt werden kann. Darüber tröstet die winterliche Fernsicht hinweg, denn zu keiner anderen Zeit kann man weiter schauen und ist die Sicht klarer als in diesen Monaten!

Zum Wallfahrtsort gehören die Heilige Stiege, hier in Form eines Kreuzweges (unser Abstiegsweg zur Straße), die Bildstöcke mit Darstellungen des Gnadenbildes, die in den Orten ringsum die Gläubigen immer wieder zur Andacht und zur Wallfahrt auffordern, gehören Devotionalien wie Abbildungen des Gnadenbildes, Gebetszettel und geweihte Kerzen. Man komme an marianischen Festtagen, insbesondere am 15. August, dem Fest Mariae Himmelfahrt oder am 1. Mai, wenn das Wallfahrtsjahr beginnt, am Tag der Kircheneröffnung im März und vor allem am Fest Mariae Geburt am 8. September und mache sich auf ein äußerst populäres Volksfest gefasst!

Das Tal der Kriegsstraßen

Durch das Valle Tignalga auf den Monte Pùria

Der Weg durch das Valle Tignalga verläuft auf einer kühn angelegten italienischen Kriegsstraße von 1916. Die blumenreichen Wiesen unter Monte Pùria und Cima di Tignalga verlocken zur Rast: die Aussicht umfasst die Tremalzo-Gruppe und das Monte Baldo-Massiv.

DIE WANDERUNG IN KÜRZE

++ Anspruch

5.30 Std. Gehzeit

900 m An-/Abstieg

Charakter: Mittelschwere Bergwanderung, problemloser, aber holpriger (Lockersteine!) Aufstieg auf Kriegsstraßen, Abstieg über steilen, aber nicht ausgesetzten Bergsteig

Ausrüstung: Wasser nur im untersten Wegteil, unbedingt mitnehmen

Wanderkarte: Kompass 071

Einkehrmöglichkeiten: keine; nächste Bar in Prabione

Anfahrt: Mit dem PKW: Von der Gardesana occidentale bei Gargnano hinauf nach Tignale, Ortschaft Prabione, von dort auf der Straße nach Tremòsine bis zum Haus Ca' di Natone oberhalb des Valle Tignalga (Parkmöglichkeit gegenüber am Beginn des Wanderweges). **Mit dem Bus:** Der Bus von Gargnano über Tignale nach Tremòsine (2 x täglich in beiden Richtungen) hält auf Zuruf bei der Ca' di Natone am Beginn des Valle Tignalga.

Beste Jahreszeiten: Frühjahr bis Spätherbst

Dass die Kriegsstraße durch das Valle Tignalga nicht mehr befahrbar ist, hat sich noch nicht herumgesprochen: sämtliche Karten weisen sie als Fahrstraße aus – was für Moto-Cross-Fahrer zutrifft. Mountainbiker haben schon Schwierigkeiten, weil Teile der Straße hohlwegartig ausgewaschen sind. Also bleibt die Straße Fußgängern vorbehalten, und die genießen einen hervorragend geführten Weg, der sie fast mühelos 600 Höhenmeter überwinden lässt. Und als Zugabe obendrein: die Gipfel zwischen Monte Pùria und Cima di Tignalga, die man zu Beginn der Tour immer rechts hoch über sich hat, sind über eine weitere ehemalige Kriegsstraße leicht zu erreichen. Bei der Gipfelrast genießt man dann ein fantastisches Panorama, und das im Regelfall allein.

Gegenüber der **Ca' di Natone,** oberhalb des untersten Valle Tignalga, beginnt die Kriegsstraße auf den Passo di Scarpapè. Ein Gedenkstein erinnert an den Straßenbau: »1916 – R. Esercito italiano – 1a Armata«. Zunächst gehen wir über ein Fahr-

Durch das Valle Tignalga auf den Monte Pùria

sträßchen (allgemeines Fahrverbot, Moto-Cross-Verbot). Nach einer Viertelstunde wird ein schmales Tal gequert, es führt das (wahrscheinlich) letzte Wasser des Wandertages. Das Bächlein kommt aus dem einzigen wasserreichen Tal dieser Kalksteinzone, dem **Acquasinega**. Ein Buchenwald bringt wunderbare Kühle; die Rotbuche wächst hier mit 650 m über dem Meeresspiegel für dieses Gebiet ungewöhnlich niedrig, ihre besten Standorte hat sie normalerweise zwischen 1000 und 1200 m Höhe. Es folgt ein durch Muren zerstörtes Wegstück, zweimal queren wir einen Bach (meist kein Wasser) und kommen über ein schlechtes Wegstück zur hohen **Brücke** über das **Valle delle Mughere** (1 Std.).

Nun beginnt die Serpentinenstrecke, die Kriegsstraße holt nach rechts und links aus, um durch das Val di Grette zum Passo delle Scarpapè zu gelangen. Die Gesamtanlage der Straße ist noch hervorragend erhalten, insbesondere auch die wichtigen Spitzkehren. Der Teufel sitzt im Detail, im Belag: Die starke Nutzung durch Motorradfahrer (an deutschen langen Wochenenden im Mai und Juni sollte man den Weg meiden ...) hat die Steinpflasterung gelockert, Wasser hat Schneisen hineingegraben, sodass manche Passagen Hohlwegcharakter haben. Eine lange, nahezu flache Querung führt vom Val di Grette zum **Passo di Scarpapè,** wo wir ein querendes Schottersträßchen erreichen (2.15 Std.).

Links führt ein Wanderweg auf den bewaldeten Gipfelkamm der Cima di Mughera, er verläuft auf alten Kriegssteigen, das Schottersträßchen führt direkt zum Passo d'Ere (s. Tour 28). Nach rechts führt das Schottersträßchen zum Passo della Pùria, wo es endet. Wir gehen auf diesem Sträßchen nach rechts, die verfallene Alm **Pùria di Tignale** bleibt links – auch die Wasserstelle ist verfallen, nur der Viehteich erinnert daran, dass hier frühere Generationen das kostbare Wasser gefasst hatten, um mit ihren Tieren in der lebensfeindlichen Kalkbergwelt überleben zu können.

Knapp vor dem Passo della Pùria verlassen wir die Straße in der letzten Linkskurve und gehen nach rechts auf einen weiterführenden Wanderweg, der sich nach ein paar Metern gabelt. Rechts geht es hinunter und um die Flanke des Monte Pùria herum auf den Kamm zur Cima di Tignalga, links geht es zum Passo della Pùria. Also nach links. Im Pass, nur fünf Minuten später, zweigt ein unmarkierter Weg nach rechts und in die Nordflanke des Monte Pùria ab, er führt zu einer

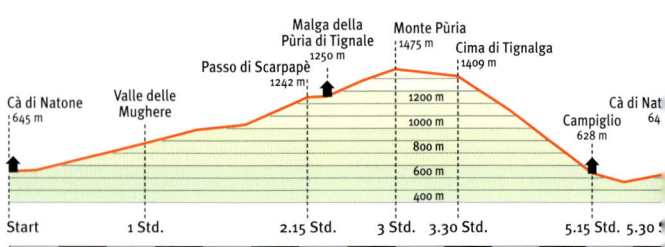

Durch das Valle Tignalga auf den Monte Pùria

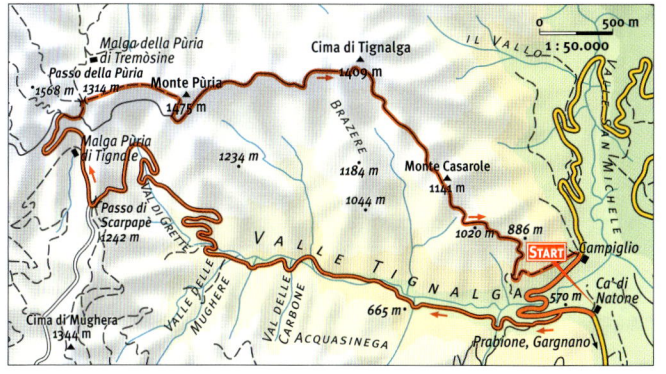

unbenannten Scharte direkt westlich des Gipfelaufbaus dieses Berges. Nun folgen wir den Wegspuren über Wiesen auf den Gipfel des **Monte Pùria** und zu einer Rast mit herrlicher Fernsicht (3 Std.). Nördlich steht jenseits des grünen, einsamen Pùria-Tales die Tremalzo-Gruppe mit dem schrofigen Corno della Marogna (s. Tour 35), im Nordosten begrenzt die Kette des Monte Travèrsole das Bild (s. Tour 31), im Osten jenseits des Gardasees locken Monte Stivo und die Baldo-Kette (s. Tour 5 und u. a. Tour 11).

Wir sollten die Pause nicht zu lang ausdehnen, auf dem nächsten Gipfel, der Cima di Tignalga, ist die Aussicht noch besser! Um dorthin zu gelangen, steigen wir auf den Wegspuren vom Gipfel zum unterhalb verlaufenden, deutlich sichtbaren Wanderweg ab, der immer in der Südflanke verläuft – ein klarer Hinweis darauf, dass es sich um eine italienische Maultierstraße aus dem Ersten Weltkrieg handelt, die zum Schutz vor den Geschützen der im Norden stehenden Österreicher angelegt werden musste. Wo sie endet, führt ein Weg weiter auf den eine Minute entfernten, bewaldeten Gipfel der **Cima di Tignalga** (3.30 Std.). Dort genießt man einen eindrucksvollen Tiefblick auf das steil eingeschnittene Valle San Michele, das bei Campione in enger Klamm in den Gardasee mündet (s. Tour 29).

Vom Ende der Maultierstraße führt ein deutlicher, rot-weiß markierter Wanderweg nach rechts hinunter in den recht steilen Wiesenhang. Wo wir den Wald erreicht, wird es etwas weniger steil. Man quert nochmals – jetzt wieder steiler – schöne Wiesen und erreicht nach einer plötzlichen Richtungsänderung nach links die Asphaltstraße Tignale–Tremòsine beim einzeln stehenden (nicht mehr bewohnten) **Gehöft Campiglio** (5.15 Std.). Nun gehen wir auf der Asphaltstraße nach rechts, hinunter ins Valle Tignalga und wieder hinauf bis zum **Hof Ca' di Natone**, dem Ausgangspunkt der Tour (5.30 Std.).

Schwarzes Horn und Wasserspaß

Vom Val di Bondo auf den Travèrsole-Kamm

Die Dolomitfelsgruppen des Travèrsole-Kamms sind ein pittoresker Anblick und die Bergwiesen Standort sehr seltener Pflanzen. Auf- und Abstieg führen durch wasserreiche Täler, das frische Bergwasser verlockt zu genüsslichem Rasten.

DIE WANDERUNG IN KÜRZE

Anspruch: ++

Gehzeit: 5.30 Std.

An-/Abstieg: 750 m

Charakter: Bergwanderung auf guten bis mäßigen Wegen und Steigen, zwei Strecken auf Kriegsstraße, im Kammbereich auf Steigspuren stellenweise Trittsicherheit nötig, im Abstiegstal streckenweise rutschig

Ausrüstung: Kein Trinkwasser im Mittelteil, unbedingt mitnehmen

Wanderkarte: Kompass 071

Einkehrmöglichkeiten: Keine

Anfahrt: Mit dem PKW: Vesio, Ortsteil der Gemeinde Tremòsine, liegt an der von Limone kommenden und nach Tignale und Gargnano weiterführenden Straße. **Mit dem Bus:** Vesio ist an den Busverkehr zwischen Gargnano und Limone angebunden (in der Regel 2 x täglich hin und zurück).

In **Vesio**, dem höchstgelegenen Dorf der Gemeinde Tremòsine, versperrt ein Bergrücken nördlich des Ortes den Blick auf die dahinter liegenden Bergketten. Dieser Rücken ist nichts anderes als eine riesige Seitenmoräne des Gardaseegletschers, der diese hier vor 12–15 000 Jahren zurückließ, als er sich hastig zurückzog. Ein mit »Passo Nota« ausgewiesenes Asphalt- und späteres Schottersträßchen führt hinauf, man kann es gut mit dem PKW befahren. Von der Höhe des Rückens hat man einen herrlichen Blick über die Berge, rechts liegt der Travèrsole-Kamm mit dem Corno Nero, »Schwarzes Horn«, den wir besteigen wollen, vor

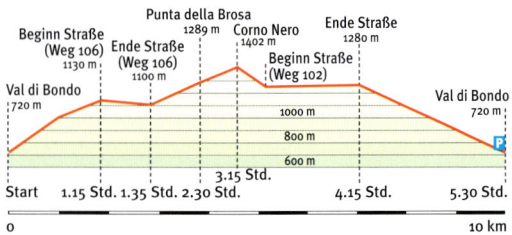

Vom Val di Bondo auf den Travèrsole-Kamm

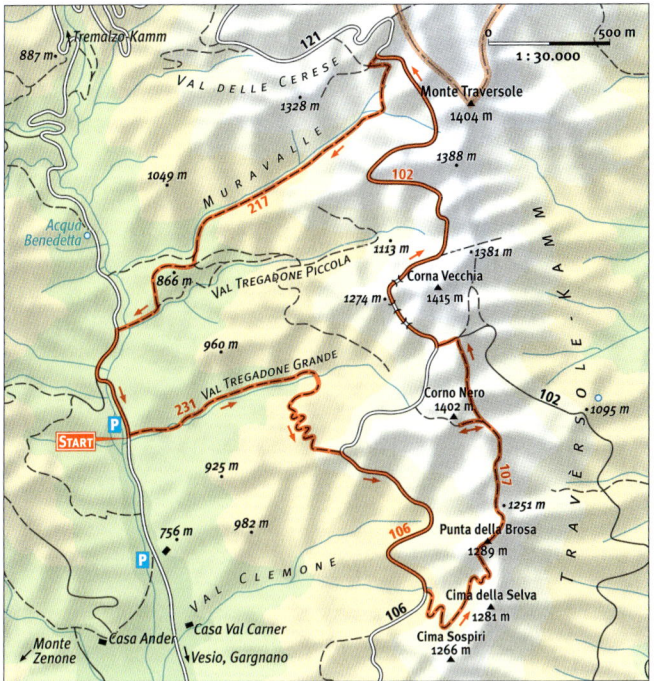

uns im Hintergrund der Tremalzo-Kamm (s. Tour 35) und links der lange Kamm des Monte Zenone. Unter uns liegt das Val di Bondo. Nach der Eiszeit war es von einem See gefüllt, und heute noch gibt es gelegentlich stehendes Wasser, aber die Felder um die isolierten Baumgruppen zeigen an, dass das nur selten geschieht.

Man fährt auf der rechten Seite des früheren Seebeckens taleinwärts, bis sich das Tal abrupt verengt, hier macht ein Schild darauf aufmerksam, dass Wohnwagen, Camper und LKW ab sofort nicht mehr erwünscht sind. An dieser Stelle gibt es **Parkplätze** und ein nicht immer besetztes Info-Hüttchen der Forstverwaltung. Man fährt noch weiter bis zum nächsten von rechts kommenden Tälchen und parkt dort auf einem weiteren Parkplatz.

In dieses im Unterlauf wasserreiche Tälchen hinein führt unser Wanderweg, er hat die (offizielle) Nummer 231, das Tälchen nennt sich **Val Tregadone Grande**. Gumpen und kleine Wasserfälle locken zum Bad, aber vielleicht sollte man doch bis zum Abstieg warten (wo das Muravalle ebenfalls tolle Badeplätze anbietet)?! Es geht mäßig aber stetig talaufwärts, mal ist man links, dann rechts des Baches, schließlich erreicht man den sehr feuchten Quellbereich mit mehreren Karstquellen. Hier biegt der Weg nach rechts um und führt über den bewaldeten Steilhang aus dem Val Tregadone Grande heraus auf einen weniger stark geneigten, trockenen Hang.

Vom Val di Bondo auf den Travèrsole-Kamm

Unser Weg biegt hier ganz plötzlich und ohne Markierung nach links ab (nicht geradeaus weitergehen!) und führt in einer Reihe gut angelegter Serpentinen bergan, bis er bei einem Steinmann (ohne Schild, immer noch ohne Markierung) ein staubiges Sträßchen erreicht: die alte **Kriegsstraße** in Richtung Passo Nota, sie ist mit 106 gekennzeichnet (1.15 Std.).

Nun rechts und in südlicher Richtung auf dieser Kriegsstraße weiter, bis man nach ca. 20 Minuten und in einer Rechtskurve einen nach links aufwärts führenden schlechten Fuhrweg findet. Er führt in Serpentinen hinauf zum Travèrsole-Kamm, wo er etwas unterhalb überraschend endet. Auf einem etwas versteckten Steiglein (Weg 107) kommt man fast in der Falllinie hinauf zu einer **Scharte** des Gebirgskammes unter der (rechts liegenden) wenig höheren **Punta della Brusa** (2.30 Std.). Hier geht es links weiter, der »Weg« ist wenig mehr als eine Folge von Wegspuren, wird aber in der Folge besser wenn auch nicht gut. Man bleibt immer rechts (östlich) des Travèrsole-Kammes, hat einige etwas unangenehme Stellen (Lockerschutt über Steilhängen) zu überwinden und wird mit wunderbaren Ausblicken auf die Berge um das Valle del Singöl (oberhalb Limone) belohnt. Ein kurzer bezeichneter Abstecher über den Schrofenhang auf den **Corno Nero** (1402 m, 3.15 Std.), das »Schwarze Horn«, ist ebenfalls mit Vorsicht zu genießen.

Weiter rechts des Kammes und streckenweise auf dem Kamm, dann

Vom Val di Bondo auf den Travèrsole-Kamm

Der Ort Vesio und das Val di Bondo, rechts beginnt der Travèrsole-Kamm

ravalle. Dies ist unser Abstiegsweg, er trägt die Nummer 217 (4.15 Std.).

Der Weg folgt dem Verlauf des Muravalle, steigt aber im Unterlauf auf den Rücken auf, der das Tal vom links anschließenden **Val Tregadone Piccola** trennt und führt schließlich in dieses hinunter. Wie im Muravalle hat man auch hier wieder eine Reihe Möglichkeiten, sich im und am Wasser zu erfrischen, man sollte mehr als die unbedingt nötige Zeit einplanen für diesen Abstieg. Viel zu kurz ist dieser Bergwasserabschnitt. Plötzlich steht man an der Straße im **Val di Bondo** (5.15 Std.) und wird ganz melancholisch, weil das Ganze schon vorbei ist. Nach links auf der Straße geht es zum **Parkplatz** und zum Auto zurück (5.30 Std.).

geht es rechts steil aber ganz einfach hinunter in eine **Scharte**, sie liegt auf ca. 1260 m unterhalb der dahinter aufragenden **Corna Vecchia** (1415 m). In der Scharte kann man nach rechts auf einem Steig oder nach links auf der **Kriegsstraße** um die Corna Vecchia herum wandern, wir empfehlen links. Man ist in wenigen Minuten unten an der Straße und geht nach rechts weiter. Mehrere alte Tunnel ermöglichen die Passage durch den Westabfall der Corna Vecchia, dann folgt eine lange rechtsbündige Umrundung des Talschlusses des **Val Tregadone Piccola** und ein weiterer Talschluss, der zum Muravalle gehört. Ganz am Ende dieser Umrundung macht die Straße eine scharfe Rechtskurve und ein Weg führt nach links hinunter ins Tal **Mu-**

Die Wanderung mit Kindern

Mit kleineren Kindern wird man nicht die ganze Tour machen, aber auf den Pritschelspaß im Val Tregadone Grande und Val Tregadone Piccola sollte man nicht verzichten. Vielleicht sind die lieben Kleinen ja bereit, den Weg im Aufstieg bis zur Kriegsstraße mitzumachen und dann, während sie auf der Kriegsstraße zum Abstieg ins Muravalle eilen, ihr Durchhaltevermögen aus der Freude auf neuerlichen Wasserspaß zu ziehen? Und man ist nur ca. 3 Stunden unterwegs ...

Wasserfallweg zur einsamen Alm

Von Limone nach Dalco

Auf einem Schwemmkegel liegt zwischen steilen Bergen der Ort Limone. Dass es da oben in den Bergen noch Almen gibt, mag man kaum glauben: Unser Weg führt problemlos durch die Steilhänge zur grünen Alm Dalco hoch über dem Valle del Singòl und dem Gardasee.

DIE WANDERUNG IN KÜRZE

Anspruch: +++

Gehzeit: 4.30 Std.

An-/Abstieg: 850 m

Charakter: Steile und anstrengende Bergwanderung auf schmalen Steigen, Trittsicherheit Voraussetzung. Einige etwas ausgesetzte Stellen werden auch von Nicht-Schwindelfreien überwunden.

Ausrüstung: Wasser mitnehmen, nur eine Quelle oberhalb Dalco auf dem Weg zum Corno Nero (50 Min. Umweg); Badesachen für die Wasserfälle

Wanderkarte: Kompass 071

Einkehrmöglichkeiten: Trattoria La Milanese in Limone, keine unterwegs

Anfahrt: Mit dem PKW: Limone liegt an der westlichen Gardasee-Uferstraße, Parkplätze südlich des Ortes. **Mit dem Bus:** Limone ist mit Riva häufig, mit Gargnano/Brescia/Desenzano seltener per Bus verbunden. **Mit dem Schiff:** Im Sommer (Mai–Sept.) täglich mehrere Schiffsverbindungen zu allen größeren Gardasee-Uferorten. Besonders günstige Verbindungen mit Riva, Tòrbole und Malcèsine (März–Okt.).

Die Anfahrt mit dem Schiff ist auf jeden Fall die schönste und die einzige traditionelle Art, nach Limone zu gelangen. Der Ort, das sieht man von weitem, liegt auf einem Schwemmkegel, den ein Wildbach aus der dahinter liegenden Schlucht heraus aufgeschüttet hat: Links und rechts ragen die Berge unvermittelt bis zu 1550 m Höhe über dem See

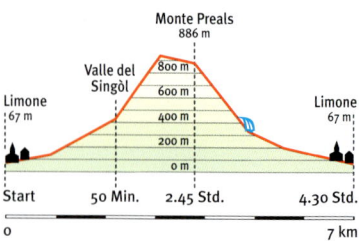

Von Limone nach Dalco

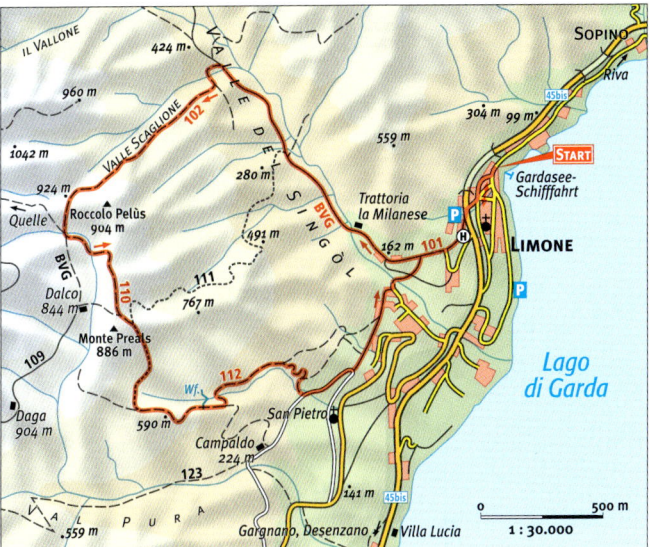

auf. Rechts unter den steilen Abstürzen stehen mehrere graue Objekte, die wie Bauruinen aussehen: Es sind die heute nicht mehr verwendeten Limonaien des Ortes.

Man landet in **Limone** etwas nördlich vom alten Hafen an, wendet sich nach links in die Hauptstraße des Ortes und erreicht nach Passieren des pittoresken alten Hafens die Piazza Garibaldi. Hier gehen wir nach rechts hinauf und, uns halb links haltend, durch die alten Gässchen zur über dem Ort vorbeiführenden Umgehungsstraße. Nicht zu übersehen sind die dortigen Neubauten der Gemeinde mit dem **Rathaus** auf der anderen Straßenseite. Hier ist auch die Bushaltestelle, vom PKW-Parkplatz kommt man hierher, wenn man entlang der Umgehungsstraße in Richtung Norden (Riva) geht.

Jenseits der Gardesana beginnt die Via Caldogno, später Via Milanese genannt. Sie führt mit mäßiger Steigung in Richtung einer engen Schlucht, die oberhalb von Limone mündet. Ein Schild »Strada Panoramica« macht den PKW-Fahrern Hoffnung, die aber bald enttäuscht wird, denn das Sträßchen endet nach einem halben Kilometer an der **Trattoria La Milanese.**

Dort beginnt ein gut ausgebauter, mit Bänken und Wasserstellen versehener Weg durch das **Valle del Singòl**. Nach etwa 50 Min. Gehzeit zweigt links, direkt vor der Querung eines verbauten Wildbaches, ein markierter und mit der Nr. 102 versehener Weg ab, er ist auch Teilstück der »Bassa Via del Garda« (BVG) von Limone nach Salò. Er führt durch das sehr steile Valle Scaglione hinauf zur 500 m höher gelegenen Schulter der Almen von **Dalco** (2.30 Std.), die man zumindest im Sommer ziemlich ausgedörrt vorfindet, was für reichliche Wasservorräte im Rucksack spricht. Nun gehen wir geradeaus weiter durch Wald, überraschenderweise plötzlich auf dem Weg Nr. 110.

Von Limone nach Dalco

Blick auf Limone, gegenüber die Monte Baldo-Kette

An der nächsten Wegkreuzung, wo wir uns nach links wenden, finden wir wieder die 102, eine falsche Markierung, denn unser nach Süden führender Weiterweg hat die Nummer 110, während Weg 102 nach rechts und auf den Travèrsole-Kamm führt. (Wer hier nach rechts geht und bei einem höheren, ebenfalls mit 102 markierten Querweg nochmals nach rechts, erreicht nach etwa 30 Min. einen kurzen Stichweg nach rechts, der zu einer Quelle mit frischem, kühlem Wasser führt. Ein Umweg von fast einer Stunde für diejenigen, die zu wenig Wasser mitgenommen haben!)

Knapp links vom Weg liegt die auf Schildern angegebene Kuppe **Roccolo Pelùs,** von der es abrupt hintergeht ins Valle del Singòl. Der Weg führt ziemlich nahe am Absturz vorbei, rechts kommt die etwas unterhalb liegende **Alm Dalco** mit ihren Wiesen und Weiden und den Hausbauten in Sicht. Wer noch keine Rast gemacht hat, kann das jetzt nachholen. Von Limone aus wirkt diese Stelle wie eine bedeutende Spitze, deswegen hat sie auch einen Namen: **Monte Preals** (2.45 Std.).

Der Abstieg ist ebenso steil wie der Aufstieg, im ersten Stück quert er einen steilen Schrofenhang, der denen, die nicht schwindelfrei sind, etwas Überwindung abverlangt, aber ganz unschwierig zu gehen ist. Wir wenden uns im Wäldchen, in dem wir uns gerade befinden (zwischen der Delle, in der die Gebäude von Dalco stehen, und dem Steilhang zum Valle del Singòl), nach Süden, bleiben also in der auf dem Plateau ursprünglich eingeschlagenen Richtung. Hier führt knapp vor der Plateaukante ein Weg (111) nach links hinunter, den wir nicht nehmen sollten (zerfallende Hangbrücken, im unteren Teil vor allem Lockerschutt), sondern den hier beginnenden rechten Weg, der mit der Nr. 112 gekennzeichnet und gelegentlich rot-weiß markiert ist. (Weg 110 führt nach Abzweigung der beiden Wege 111 und 112 hinunter zur Alm Dalco und auf Weg 109, dessen Fortsetzung nach Süden wegen Wegschäden und Steinschlaggefahr nicht empfehlenswert ist). Weg 112 führt abrupt in den Steilhang (die Stelle ist ausgesetzt, aber unproblematisch) und dann rechts von einem steil eingeschnittenen Tal bergab. In diesem Tal verläuft der Weg nach Limone, das wir unter uns sehen können. Um in dieses Tal zu gelangen, wenden wir uns an der folgenden Weggabelung scharf nach links. Der Steig führt in das Tal hinein und unter einen **Wasserfall**. Dies ist nicht irgendein Wasserfall, sondern ein Sintervorhang, den sich das stark kalkhaltige Wasser hier in Jahrtausenden geschaffen hat. Im oberen Teil fließt das Wasser in mehreren weich geformten Rinnen, dann reißen die Wassersträhnen, fallen als feiner Vorhang herab, und unten stehen wir und lassen uns die abgekämpften Glieder von ihm kühlen.

Im Tal geht es bergab, der Weg zieht nach links, quert ein Wäldchen in ein paar Serpentinen, kommt auf eine Straße, und Limone hat uns wieder: Wir gehen nach rechts, die hier eingeschlagene Via Prealzo mündet bei einer Olivenölmühle (Besichtigung möglich) in die Via Campaldo. Wir überqueren auf der Brücke den Torrente Singòl zur Via Caldogno und sind bald darauf am Ausgangsort, dem alten Hafen von **Limone** (4.30 Std.).

Limone und Limonen

Dass sich ein Ort, der völlig auf die Produktion von Zitronen spezialisiert ist, eigentlich nur aus Zitronenspalieren, den *Limonaien* besteht, wie schon Goethe im Vorbeifahren erkannte, »Limone« nennt, also »Zitrone«, ist sicher sinnvoll. Dass in diesem Ort heute keine einzige Zitrone mehr kommerziell gezogen wird, ist bedauerlich, zumal die Limonaien brach in der Gegend herumstehen und den ohnehin raren Platz auf dem kleinen Schuttkegel wegnehmen. Man müsste diesen Ort umtaufen, nach seiner einzigen gegenwärtigen Einnahmequelle benennen: »Turismo«, also »Fremdenverkehr«. Aber das klingt natürlich lange nicht so gut.

Das Klima des Gardasees ist kein Zitronenklima. Im Freien gezogene Zitronen, Limetten, Orangen, Mandarinen, Pomeranzen, Cedri (Bitterzitronen für die Herstellung von Zitronat) würden den Winter kaum überstehen. Gibt man ihnen aber einen die Wärme reflektierenden Hintergrund, etwa eine weiß gestrichene Mauer, und umgibt sie mit einer Schutzkonstruktion, die man in den kalten Monaten bei Bedarf verschalen, bei Sommerwärme aber öffnen kann, dann fühlt sich nicht nur die Zitrone wohl.

Diese Tatsache hat man schon früh erkannt, und als der Transport verderblicher Güter über lange Strecken noch ziemlich schwierig bis unmöglich war, da wurden die Limonaien am Gardasee errichtet, um den Bedarf zu decken. Sizilianische und süditalienische Agrumen wären auf dem langen Transportweg verdorben. Bis in das 18. Jh. waren es nur Maderno, Toscolano und Gargnano, die von den Produkten aus den Limonaien lebten, dann aber meldete sich auch Limone als Produzent der in Oberitalien und nördlich der Alpen begehrten und gut bezahlten Früchte. Zitronen fehlen seit der Renaissance, als sie allgemein

Von Limone nach Dalco

Nicht mehr in Funktion: Limonaia in Limone

bekannt wurden, in keinem europäischen Kochbuch.

Mit dem Beginn des Eisenbahnzeitalters änderten sich die Transportbedingungen. Nun war es möglich, die in der Produktion wesentlich billigeren Früchte aus dem Süden zu importieren. Die Limonaien des Gardasees waren dem Verfall preisgegeben. Heute gibt es nur noch vier oder fünf funktionierende Limonaien alten Stils am gesamten See, so die Limonaia del Castèl in Limone (Öffnungszeiten bei der Gemeinde zu erfragen: ✆ 03 65 95 40 08, www.limone-sulgarda.it). Eine andere ist die Limonaie an der Südwand der Festung von Torri del Benaco, eine weitere die private der Villa Guarienti an der Punta San Vigilio, beide am Ostufer.

Aussichtskanzel über Limone

Von Limone über die Cima di Mughera auf den Monte Carone

Der Monte Carone über Limone ist eine erstklassige Aussichtskanzel. Das wussten auch italienische Strategen, die ihn im Ersten Weltkrieg mit einem Netz von Steigen, Kavernen und Unterständen versahen.

DIE WANDERUNG IN KÜRZE

Anspruch: +++

Gehzeit: 7.30 Std.

An-/Abstieg: 1550 km

Charakter: Steile und anstrengende Bergwanderung auf schmalen Steigen, Trittsicherheit Voraussetzung. Ein fakultatives gesichertes Teilstück, Kinder und Ungeübte eventuell am kurzen Seil. Ohne das gesicherte Teilstück nur mittelschwer.

Ausrüstung: Wasser an der Baita Segala

Wanderkarte: Kompass 071

Einkehrmöglichkeiten und Unterkunft: Baita Segala Bonaventura (offene Hütte des ANA Limone, Assoziazione Nazionale Alpini; Getränke), Trattoria La Milanese in Limone

Anfahrt: Mit dem PKW: Limone liegt an der westlichen Gardasee-Uferstraße, Parkplätze südlich des Ortes. **Mit dem Bus:** Limone ist mit Riva häufig, mit Gargnano/Brescia/Desenzano seltener per Bus verbunden. **Mit dem Schiff:** Im Sommer (Mai–Sept.) täglich mehrere Schiffsverbindungen zu allen größeren Gardasee-Uferorten. Besonders günstige Verbindungen mit Riva, Tòrbole und Malcèsine (März–Oktober).

Das Schiff, mit dem man sich am sinnvollsten nach **Limone** begibt, landet etwas nördlich vom **alten Hafen** an. Dort wenden wir uns nach links in die Hauptstraße des Ortes und erreichen nach Passieren des pittoresken alten Hafens die Piazza Garibaldi. Hier gehen wir nach rechts hinauf und uns halb links haltend durch die alten Gässchen zur über dem Ort vorbeiführenden Umgehungsstraße. Nicht zu übersehen sind die dortigen Neubauten der Gemeinde mit dem **Rathaus** auf der anderen Straßenseite. Hier befindet sich auch die Bushaltestelle, vom PKW-Parkplatz kommt man hierher, indem man die Umgehungsstraße entlang Richtung Norden (Riva) geht.

Jenseits der Gardesana beginnt die in Richtung der Schlucht des Valle del Singöl oberhalb des Ortes führende Via Caldogno, ein Schild »Strada Panoramica« macht den PKW-Fahrern Hoffnung, die aber bald enttäuscht werden, denn das Sträßchen, das als Via Milanese weiterführt, endet nach einem halben Kilometer an der **Trattoria La Milanese.**

Bei der Trattoria beginnt ein gut ausgebauter, mit Bänken und Was-

Von Limone über die Cima di Mughera auf den Monte Carone

Panoramablick zum östlichen Seeufer – im Mittelgrund Limone

serstellen versehener Weg durch das **Valle del Singòl**. Im **Talschluss** werden die Quellbäche nach rechts gequert, es folgt eine Steigung, die nach einigen Serpentinen und etwa 40 Min. Gehzeit zu einer Verzweigung führt. Nun folgen wir dem mit der Nr. 101 gekennzeichneten Weg nach rechts und steil hinauf zur **Cima di Mughera** (2.30 Std.), deren herrlicher Ausblick allein den Ausflug lohnt. Aber wir gehen weiter, wenden uns nach links zum Rücken, in dem die Cima di Mughera nur eine Aufwölbung ist, und kommen nach dem kleinen Sattel an eine Gabelung, wo es auf einem alten Kriegssträßchen nach links geht. Wir erreichen einen querenden Weg unterhalb des rechts liegenden **Passo Guìl** – es lohnt sich, die paar Meter zum Pass hinaufzusteigen, denn dort hat man eine beeindruckende Aussicht auf die andere Seite. Dort liegt die Alm Vil oberhalb des Sommerdorfes Leano, und jenseits des nicht sichtbaren Ledro-Tales ist die Kette zwischen Rocchetta di Riva

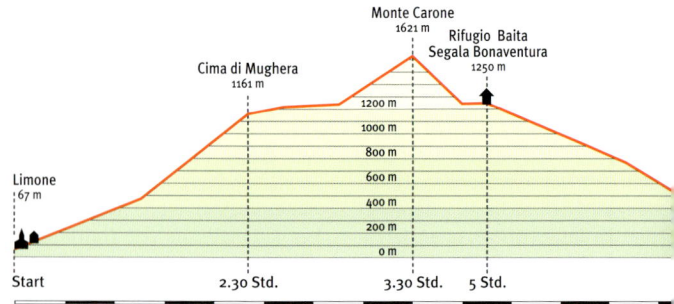

Von Limone über die Cima di Mughera auf den Monte Carone

(teilweise verdeckt), Cima d'Oro und Cima Pari aufgebaut.

Auf dem Kriegssträßchen geht es ziemlich flach und in nordwestlicher Richtung weiter, bis rechts eine größere **Felsinschrift** auf die **Via Attrezzata** zum Monte Carone aufmerksam macht. Nun gehen wir nach rechts auf diesen Steig, zuerst durch Wald, dann auf dem Kamm entlang und zur Aussichtskanzel des **Monte Carone** (1621 m) mit vielen Resten von Kriegsbauten in der Nordflanke (3.30 Std.).

Erst im Abstieg beginnen die Sicherungen, die Route führt nämlich auf dem Kriegsweg durch eine kurze, aber steile Felsschlucht, um dann durch Wald in die Nähe der **Bocca dei Fortini** in die vorher schon begangene Kriegsstraße zu münden. Wer sich den einfachen und kurzen Klettersteigabschnitten, für die aber doch etwas turnerische Fähigkeiten nötig sind, nicht gewachsen fühlt, muss vom Gipfel auf dem Anstiegsweg zurückgehen und unten die Straße nach rechts nehmen. Wer vom gesicherten Steig herunterkommt, wendet sich auf der Straße nach links und erreicht in Kürze die gemütliche **Schutzhütte Baita Segala Bonaventura** (5 Std.). Wie auch immer man hierher gekommen ist, die Rast wird nicht kurz sein, zumal es ein interessantes Hüttenbuch gibt. Die Baita Segala wird vom Alpini-Verein (nicht: Alpenverein!) in Limone geführt. Ein Schmuckstück von Hütte: kleiner Aufenthaltsraum mit Ofen, Holztreppe in den ersten Stock mit Schlafraum, davor Aus-

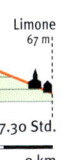

Limone
67 m

7.30 Std.

9 km

Von Limone über die Cima di Mughera auf den Monte Carone

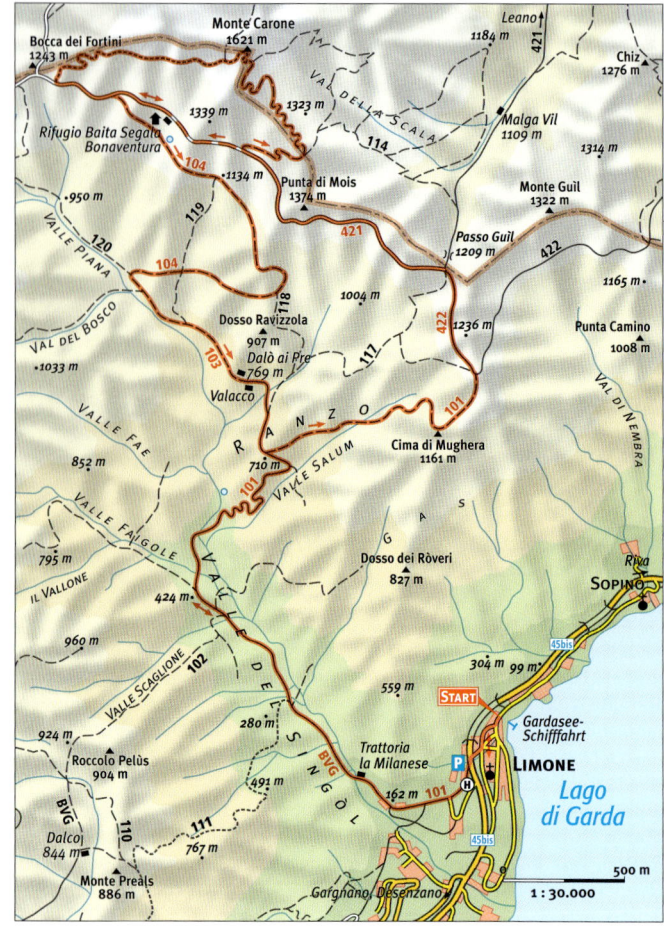

sichtsterrasse mit Tischen und Bänken. Kein AV-Schlüssel nötig, keine Wintersperre, keine sieben Schlösser. Die Hütte ist einfach offen, wer nächtigen will, zahlt einen Betrag in die Kasse, wer Cola oder Kaffee konsumiert, ebenfalls.

Von der Hütte steigt man über Weg 104 ab, der Wegverlauf berührt einen von den Betreuern der Hütte errichteten Alpengarten. Abkürzungen auf den Wegen 119 oder 118 sind möglich, aber bei dem großen Höhenunterschied, den es an diesem Tag insgesamt zu überwinden gilt, wenig knieschonend. Man passiert die Mähwiesen **Dalò ai Pré**, von wo ein Maultierweg mit der Nummer 103 zum **Valle del Singòl** weiterleitet. Hat man den Talboden erreicht, folgt man diesem konsequent bis hinunter zum Ausgangspunkt in **Limone** (7.30 Std.).

Im Reich der raren Alpenblumen

Von Magasa auf die Cima Tombea und den Monte Caplone

Die Wasserscheide zwischen dem Gardasee und Judikarien ist für ihre Aussichtsgipfel und die zahlreichen auf diesen Kamm beschränkten Pflanzen bekannt. Die spitzen Dächer der *fienili* in den Heuwiesen gibt es ebenfalls nur hier im Valvestino.

DIE WANDERUNG IN KÜRZE

+++
Anspruch

7.30 Std.
Gehzeit

1000 m
An-/Abstieg

Charakter: Wegen ihrer Länge anstrengende, aber technisch einfache Wanderung auf Almwegen, alten Kriegsstraßen und Steigen

Ausrüstung: Trinkwasser nur am Hof Cordeter

Wanderkarte: Kompass 071

Einkehrmöglichkeiten und Unterkunft: Keine im Hauptteil der Tour, Albergo Tombea am Ausgangspunkt in Magasa, Malga Tombea (im Sommer, ☎ 0365 74 50 10), Rifugio Cima Rest (geöffnet April bis zum 1. Jan., ☎ 036 57 40 54), jeweils bescheidene Unterkunft

Anfahrt: Mit dem PKW: Magasa ist von Gargnano aus auf der mit »Valvestino« und später »Magasa« ausgeschilderten Straße zu erreichen. **Mit dem Bus:** Busverbindung mit Gargnano morgens und abends; zwei Übernachtungen in Magasa oder der Ortschaft Rest sind nicht zu umgehen.

In **Magasa** gehen wir vom Vorplatz mit der Bushaltestelle in den Ort hinein und wenden uns in der Ortsmitte nach rechts, wo wir auf ein steil ansteigendes Sträßchen gelangen. Das Sträßchen verschmälert sich bald zum Maultierpfad, der früher als einziger Verbindungsweg zum Wiesenplateau von **Denai** hinaufführte. Oben angelangt, wenden wir uns auf dem dort erreichten Asphaltsträßchen nach rechts und wandern etwa einen halben Kilometer bis zu einer Gabelung, wo wir uns links halten; die Straße rechts führt in den Ort hinunter. Bei einer Abzweigung bleiben wir auf dem linken, ansteigenden Straßenzweig und erreichen über üppige Wiesen und vorbei an einigen der charakteristischen *fienili* (s. »Das Valvestino«, S. 153 f.) mit ihren spitzen Pultdächern den Waldrand beim **Hof Cordeter** mit Trinkwasser (1.30 Std.).

Einige Kurven führen ziemlich steil aufwärts, dann wird der Fahrweg flacher und führt nach links in den nur noch teilweise bewaldeten Hang. Nach einer Haarnadelkurve mit besonders gutem Ausblick wird die **Bocca di Caplone** (2.45 Std.) erreicht. Hier geht es links durch sehr brüchiges Gestein zum Rifugio Alpo und zum Idrosee hinunter, zur Cima

Von Magasa auf die Cima Tombea und den Monte Caplone

Tombea geht es nach rechts, wir folgen den entsprechenden Schildern. Über Hochweiden gelangen wir ohne große Niveauunterschiede zur **Malga Tombea** (3.30 Std.) mit bescheidener Unterkunft (Lager). Der hier produzierte Käse wird fast ausschließlich für den Eigenbedarf produziert. Von den Almgebäuden aus lohnt sich ein Abstecher auf die nach Norden und Süden aussichtsreiche Kuppe der Cima Tombea (markierter Weg von der Malga Tombea nach links); das verlängert die Gesamtgehzeit nur um 30 Min.

Die Cima Tombea verlieh ihren Namen einigen Pflanzen, die nur in dieser Region vorkommen, z. B. äußerst rare Endemiten wie der Tombea-Steinbrech. Seine winzigen weißen Polster klammern sich an kleinste Wandvorsprünge. Andere Pflanzen kommen praktisch nur in diesem Bereich vor, ohne den Namen übernommen zu haben, wie das dunkelviolette Dubys-Veilchen, das flächendeckend zwischen Cima Tombea und Tremalzo gedeiht und an isolierten Standorten östlich davon, wie im oberen Val di Bondo. Viele kalkliebende Blütenpflanzen der Südalpen, die anderswo rar sind, kommen hier vor, besonders die Prachtprimel, die ganze Wiesen mit ihren blau-rötlichen und rotvioletten Blüten füllt, und das Felsen-Steinröschen, dessen Name recht gut beschreibt, wo es vorkommt. Lombardische Glockenblume, der Weiße Hahnenfuß, die Klebrige Akelei, das Schmalblättrige Lungenkraut, der Gelbe Lerchensporn, die Große Flockenblume, eine Schachblume, aber auch verbreitetere Arten wie der Feldenzian, die Trollblume und die weißen Blütenstände der Paradieslilie und des Weißen Affodil stehen in den Wiesen weiter unten.

An der Malga Tombea kommt ein Weg von Grune herauf, den wir später als Abstiegsweg benutzen wollen; zunächst aber geht es ziemlich eben weiter in Richtung Monte Caplone, wobei der Fahrweg nun zum Fußweg wird. Wir erreichen eine Scharte unter dem Gipfelaufbau und wenden uns zunächst in die Nordflanke, bis wir auf deutlich markiertem Steig den Hauptweg nach rechts verlassen und ohne Mühe den Gipfel des **Monte Caplone** (4.30 Std.) erreichen. Der schweißtreibende Anstieg lohnt sich, sieht man doch von hier aus außer nach Nordwesten, wo die Cima Tombea den Blick verstellt, in alle Richtungen. Als Aussichtsberg, um die Landschaft des Valvestino und des Tremalzo-Kammes zu überblicken, ist dieser Gipfel nicht zu überbieten.

Der Abstieg erfolgt bis zur Weggabelung in Sichtweite der **Malga Tombea** auf dem Anstiegsweg. Bei

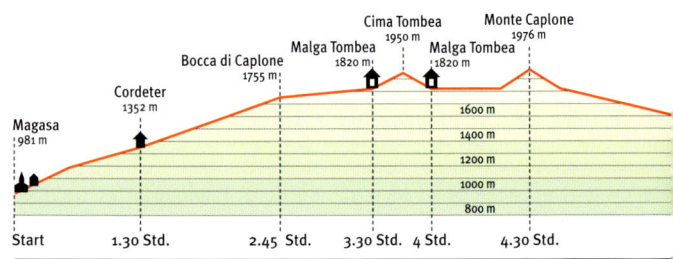

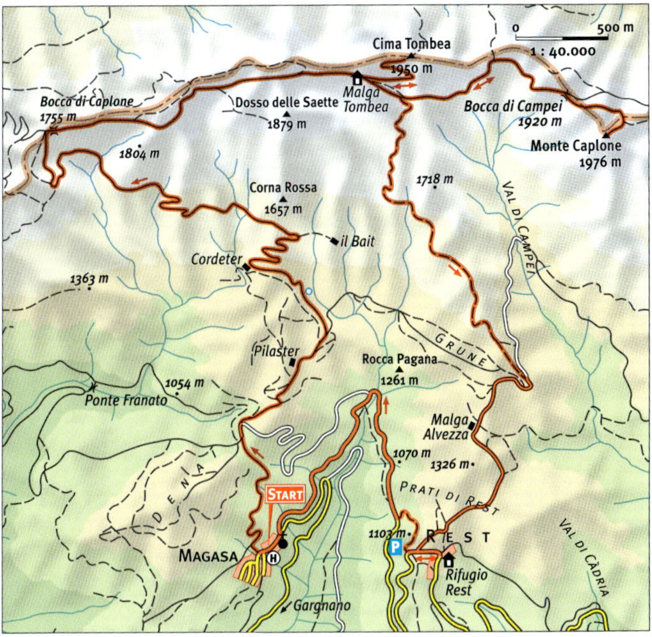

Von Magasa auf die Cima Tombea und den Monte Caplone

der Gabelung wenden wir uns nach links und erreichen nach einem steilen Hang und einer Waldquerung die Wiesen von **Grune.** Hier folgen wir einem Fahrweg, der aus dem Tal linker Hand kommt und hinunter zur **Malga Alvezza** (6.15 Std.) und durch die Wiesen von **Rest** mit ihren Fienili zur Asphaltstraße von Magasa nach Rest führt. Das **Rifugio Rest** liegt links (6.30 Std.).

Vom Rifugio Rest geht es zunächst auf der Asphaltstraße in Richtung Magasa. Ein paar Meter nach der Stelle, an der wir zuvor die Straße erreicht haben, zweigt ein Weg hinunter ins Tal ab, das Magasa von Rest trennt. Der unmarkierte Weg führt durch Wald zur Straße und verläuft leicht versetzt jenseits weiter. Der Bach im Talgrund wird vom Weg auf einer kleinen Brücke gequert, dann aber verschluckt ihn unbarmherzig die Straße, auf der wir die letzten 15 Min. nach **Magasa** hinauf unterwegs sind (7.30 Std.).

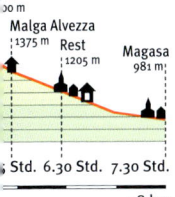

Das Valvestino

Das Valvestino, der oberste Abschnitt des Tales des Torrente Toscolano, ist ein Land für sich. Im Norden wird es durch fast 2000 m hohe Ber-

Von Magasa auf die Cima Tombea und den Monte Caplone

ge gegen die Judikarien und das Trentino abgegrenzt, gegen Süden und Osten schieben sich tief eingeschnittene Schluchten zwischen das Valvestino und die benachbarten Siedlungen am Gardasee. Die Straße von Gargnano nach Valvestino wurde erst 1932 fertiggestellt. Bis dahin gab es nur die Maultierwege über die Bocca di Caplone, die Boccacocca und vor allem über die Bocca di Val, Sie verbanden das Valvestino mit Bondone und den Judikarien.

Diese Richtung der alten Verbindungen über die Berge hinweg anstatt zum Gardasee hinunter entspricht den alten Abhängigkeiten. Die Grafen Lodron, Feudalherren des Valvestino, waren im Bereich der Judikarien beheimatet, jenseits des Bergzuges der Cima Tombea und des Monte Caplone, die so schroff hinter dem Ort Magasa hervorragen. In Storo, dem Stammsitz der Lodron, befand sich das Gericht für das Valvestino, hier wurde noch in der Tiroler Zeit des Tales (nach 1862) die Post entgegengenommen und weiter transportiert.

Nach Judikarien und Tirol orientierten sich die Menschen und ihre Kultur, die zweifelsfrei dem Trentino, dem Welschtirol zuzurechnen ist. Als nach dem für Österreich unglücklichen Ausgang des Krieges von 1866 im Tal eine Befragung abgehalten wurde, ob man vielleicht an Italien angeschlossen werden wolle, entschied sich die Mehrheit für den Verbleib bei Österreich (dasselbe geschah im Ledrotal).

Die winzigen Siedlungen des Tales sind noch einmal Mikrokosmen im Mikrokosmos. Die aus Holz gebauten Obergeschosse der Häuser, die Fresken an den Außenwänden, die alten hölzernen Wirtschaftsbauten, die erhaltenen Sägereien, vor allem aber die *fienili* geben ihnen ein charakteristisches Gepräge. Es ist, als ob der See weit unten in der diesigen Ebene in einer anderen Welt schwebte, unwirklich und unerreichbar – und in gewisser Weise ist das auch so.

Die alten *fienili,* die Heustadel der Wiesen von Rest und Denai, sind heute kulturhistorische Denkmäler. Diese Steinbauten mit ihrem extrem spitzen Strohdach wurden in den letzten Jahrzehnten häufig durch neue Dächer oder Anbauten entstellt oder sie verfielen schlichtweg, nur wenige sind in ihrer ursprünglichen Form erhalten. Diese wurden in einer vorbildlichen Rettungsaktion der Gemeinde wiederhergestellt. Die Fienili sind ziemlich gleichmäßig über die Wiesen verteilt, und es fällt auf, dass sie oft in Gruppen stehen oder von kleineren Bauten begleitet werden.

Wer aufmerksam schaut, findet auch Wasserzisternen. Dies deutet darauf hin, dass die Heustadel offensichtlich auch andere Funktionen hatten. Tatsächlich handelt es sich bei den meisten um zweistöckige Konstruktionen, wobei der Unterbau für das Wohnen und als Viehstall für den Winter genutzt wurde, der obere Stock der eigentliche Stadel war. Im Sommer zog man auf die höheren Almen. Hier lebten also die Familien der Bauern des Valvestino zumindest phasenweise, östlich des Gardasees nennt man diese Wiesen Maggenghi (s. Tour 13).

Die Fienili von Rest,
dahinter der Monte Caplone

Vom Valle Pra delle Noci zur Bocchetta di Nansesa

Rund um den Tremalzo

Vom Valle Pra delle Noci zum Passo di Tremalzo, zum Passo Nota und zur Bocchetta di Nansesa

Diese lange, anstrengende und wunderschöne Tour erschließt die einsamen dolomitischen Kammzonen um die Bocca di Nansesa und führt über die kurvenreiche Notapass-Straße – dort ist man allerdings an Sonntagen nicht so ganz allein.

DIE WANDERUNG IN KÜRZE

Anspruch: +++

Gehzeit: 11 Std.

An-/Abstieg: 1650 m

Charakter: Sehr anstrengende Bergtour mit Überlänge und großem Gesamt-Höhenunterschied auf Wegen, Steigen und Steigspuren. Ein Biwaksack sollte unbedingt mitgenommen werden, die Übernachtung auf einer der Hütten des Tremalzopasses ist empfehlenswert (2-Tages-Tour). Die Wege sind technisch unproblematisch.

Ausrüstung: Biwaksack, Trinkwasser

Wanderkarte: Kompass 071

Einkehrmöglichkeiten und Unterkunft: Rifugio Garda (privat, ganzjährig geöffnet, ✆ 04 64 59 81 05), Rifugio Guella (offene Hütte des Trentiner Alpenvereins, ✆ 04 64 59 81 00), Rifugio Nota (nahe Passo Nota, ✆ 03 65 95 11 50), Baita Pedercini (nach Anmeldung geöffnet: ✆ 03 65 95 31 72)

Anfahrt: Mit dem PKW: San Michele erreicht man auf einer zwischen Sermerio und Vesio (beide Tremòsine) beginnenden Stichstraße. Tremòsine ist mit Limone und über Tignale mit Gargnano am Gardasee verbunden. Keine Busverbindung.

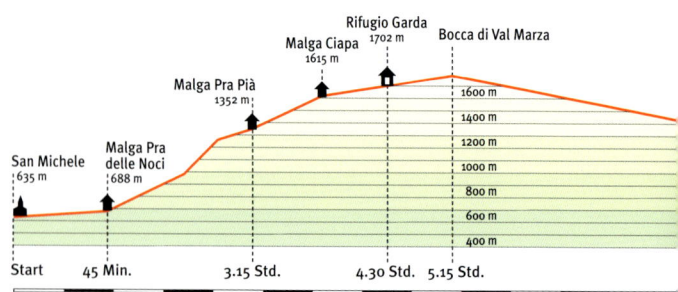

Vom Valle Pra delle Noci zur Bocchetta di Nansesa

Blick vom Corno della Marogna auf den Tremalzo-Kamm

Die Umwanderung des Tremalzo-Massivs ist ein Abenteuer. Die schieren Schluchten, die wild zerrissenen Dolomitenkämme, die alten Waldwege und Kriegsstraßen, die Wälder, die manchmal an Urwälder erinnern, die einsamen, meist verfallenen und selten von einem Menschen betretenen Almen und aussichtsreichen Gipfel bilden zusammen ein zwar anstrengendes, aber umso unvergesslicheres Bergerlebnis. Die Wege sind hier oft nicht markiert, wenige Schilder geben Auskunft über Woher und Wohin. Getränkevorrat muss man mitnehmen, die verfallenen Almen haben kein Wasser mehr.

Wir beginnen diese Wanderung beim Kirchlein **San Michele** am Ende der Fahrstraße in das gleichnamige Tal. Vom Parkplatz führt ein Fahrweg in das rechte der beiden hier zusammentreffenden Täler. Dieses Tal, das obere Valle San Michele, leitet uns zur **Alm Pra delle Noci,** also zur ›Walnusswiesenalm‹ (45 Min.). Von hier führt Weg 222 durch das wasserreiche Tal Pra delle Noci weiter, den vom Hang rechts herunterkommenden Weg (Nr. 219) wer-

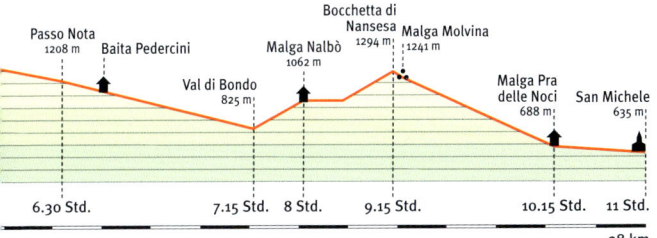

Vom Valle Pra delle Noci zur Bocchetta di Nansesa

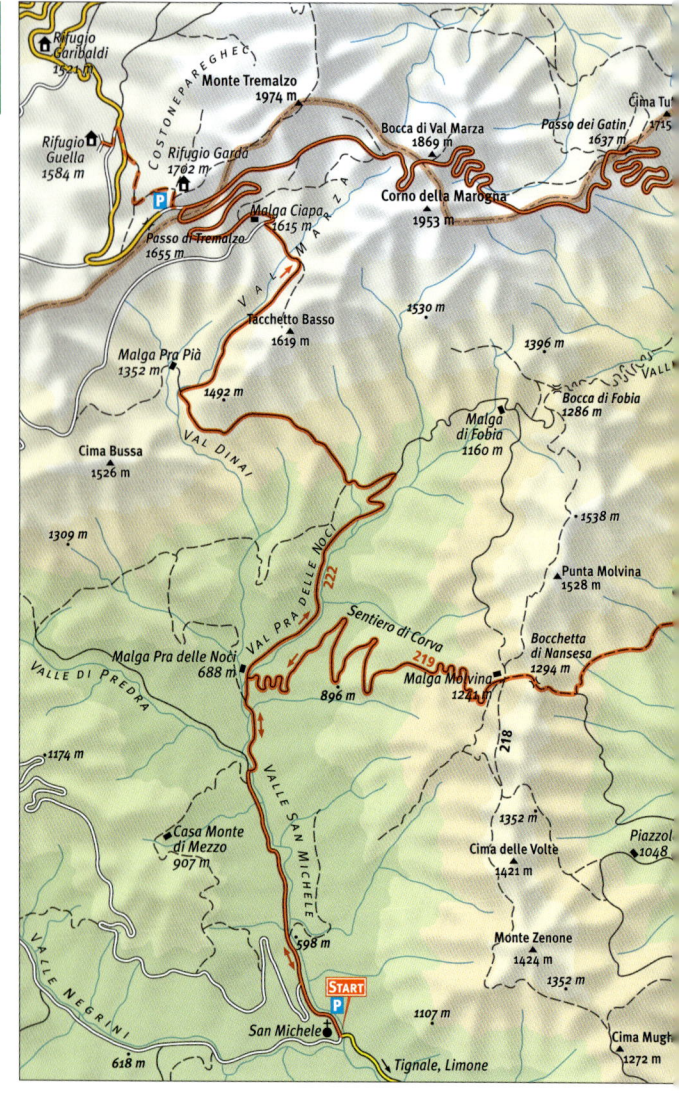

den wir als Abstiegsweg benutzen. Wo unser Weg das Bachtal verlässt und in einer S-Kurve den Hang nach links hinaufzieht, trifft er auf einen Querweg, auf dem wir nach links gehen. Er führt am Fuß einer Felsrippe steil aufwärts und erreicht Schrofengelände, quert unter Wänden flacher werdend nach links und erreicht die Wald- und Wiesenzone der **Malga Pra Pià** (3.15 Std.). Noch vor den Almgebäuden zweigt rechts ein Weg

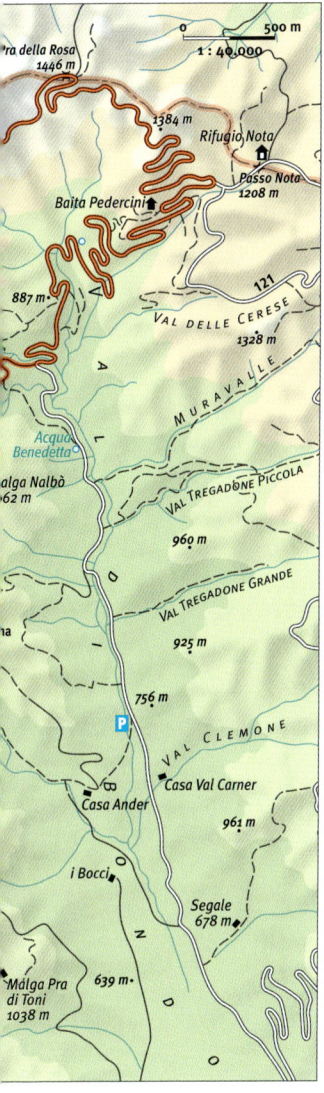

und Nächtigungsmöglichkeit in der Passregion, wendet man sich auf der Pass-Straße nach links, es liegt etwa eine halbe Stunde entfernt (15 Min. durch die Almwiesen).

Am Tremalzo-Pass bzw. beim Rifugio Garda wenden wir uns nach rechts auf die **Straße zum Passo Nota.** Diese führt zur **Bocca di Val Marza** zwischen Monte Tremalzo und Corno della Marogna, einer von zwei Tunneln wird im Scheitel des Passes gequert (5.15 Std.). In zahlreichen Serpentinen steigt man hinunter zum **Passo Nota** (6.30 Std.). Dabei genießt man immer wieder herrliche Blicke nach Osten bis hinüber zum Monte Baldo. Nahe dem Passo Nota treffen wir auf eine Straßengabelung (zum Passo Nota und zum **Rifugio Nota** nach links), halten uns rechts und wandern hinunter ins Val di Bondo in Richtung Tremòsine, vorbei an der kleinen Schutzhütte der Alpini (**Baita Pedercini**). Nach zahlreichen Kurven erreichen wir zuerst die Abzweigung zur Alm Fobia, dann eine Brücke über ein von rechts einmündendes, wasserreiches Tal, links liegt ein großer **Picknickplatz** (7.15 Std.). Hier beginnt die Abzweigung zur Alm Nalbò, der Fahrweg ist nach ein paar Metern gesperrt, eine Schranke hält PKW-Verkehr ab, ein Schild »Prato Nalbò 221« zeigt an, dass man richtig ist.

zur höher gelegenen **Malga Ciapa** ab, wo wir ein Schottersträßchen erreichen, das nach links und zum **Rifugio Garda** oberhalb des Tremalzo-Passes hinaufführt (4.30 Std.). Zum **Rifugio Guella,** der zweiten Einkehr-

Auf dem Fahrweg, den wir am Anfang auf steilem Trampelpfad abkürzen, geht es zu einem Joch oberhalb der Alm Nalbò. Hier lohnt sich ein kurzer Abstecher zu einem Bergsporn mit Almgebäude links (der rechts abzweigende, gelb markierte Weg endet im Gestrüpp). Dann geht es hinunter zur **Alm Nalbò** (8 Std.), die leider dem Verfall preisgegeben ist. Hier gehen wir nach rechts; an einem Baum weist ein Schild auf den

Vom Valle Pra delle Noci zur Bocchetta di Nansesa

Die alte Kriegsstraße oberhalb des Passo Nota

»Sentiero che collega 28, 45 min«, den Verbindungsweg zu Nr. 28 (in Zukunft soll er mit 228 markiert werden). Dieser Weg führt uns entlang der rechten Hänge weiter zu einem Sattel. Hier halten wir uns scharf rechts (kein Schild) und gehen 10 m oberhalb nach links weiter. Nach einer guten halben Stunde ohne größere Höhenunterschiede erreichen wir einen von links heraufziehenden, unmarkierten Weg, der uns nach rechts mehr schlecht als recht zum Joch **Bocchetta di Nansesa** bringt (9.15 Std.). Hier bietet sich eine großartige Aussicht, insbesondere Corna Vecchia und Corno Nero jenseits des Val Bondo sind eindrucksvoll, und direkt vom Kamm ersteigbar lockt der dolomitische Gipfelaufbau der **Punta Molvina** (1522 m, Wegspuren, hin und zurück etwa 1 Std.).

Der Abstieg von der Bocchetta di Nansesa zur Malga Molvina auf der anderen Seite des Kammes ist unmarkiert und weglos, man geht einfach in der Falllinie hinunter. Bei der verfallenen Alm Molvina treffen wir auf eine Wegkreuzung mit Schildern in alle Richtungen. Wir queren den hangparallelen Weg 218 und gehen geradeaus weiter auf dem Sentiero di Corvá (Weg 219), einer hervorragend angelegten und nur als Fußweg erhaltenen Kriegsstraße, hinunter zur **Malga Pra delle Noci** (10.15 Std.) und weiter nach **San Michele** (11 Std.).

Kleiner Sprachführer

acqua	Wasser	malga	Alm(hütte)
altitudine	Höhe	monte	Berg
altopiano	Hochfläche	mulattiera	Maultierstraße, alter Wirtschaftsweg
albergo	Hotel		
aperto	offen		
baita	Berghütte, auch Berggasthaus	neve	Schnee
		orario	Fahrplan
bivacco	Biwakschachtel, unbewirtschaftete Notunterkunft	orto botanico	Botanischer Garten
		parcheggio	Parkplatz
bivio	Abzweigung	parco naturale	Naturpark
bocca	Scharte, Pass	passaggio	Durchgang, Durchfahrt
bosco	Wald		
caduta sassi	Steinschlag	passo	Pass
capanna	(Berg-) Hütte	pericolo	Gefahr
cascata	Wasserfall	pian	Ebene
casera	Almhütte	ponte	Brücke
caverna	Höhle	pra, prato	Wiese
chiuso	geschlossen	punta	Gipfel
cima	Bergspitze	rifugio	Schutzhütte
col	Hügel	rio	Fluss, Bach
dente	Bergzacken	riserva di caccia	Jagdgebiet
difficile	schwierig	riserva naturale integrale	Naturschutzgebiet
dosso	Rücken, Buckel		
facile	leicht	rocca, rocchetta	felsiger Berg, Felsengipfel
fermata	(Bus-) Haltestelle		
fienile	Heustadel, Heuhütte	salita	Aufstieg
		seggiovia	Sessellift
fiume	Fluss	sella	Bergsattel
fonte	Quelle	sentiero	Pfad, Wanderweg
forcella	Sattel, Scharte	sorgente	Quelle
funivia	Seilbahn	strada forestale	Forstweg
gardesana occidentale	Westuferstraße	strada statale	Staatsstraße
		telecabina	Gondellift, Kabinenumlaufbahn
gardesana orientale	Ostuferstraße		
		torre	(Fels-) Turm
lago, laghi	See, Seen	torrente	Bach, meist nur jahreszeitlich wasserführend
laghetti	Tümpel, kleine Seen		
limonaie	Zitronenpflanzungen am Gardasee, zum Schutz vor der Winterkälte abdeckbar	val, valle	Tal
		via	Weg, Straße
		via ferrata	Klettersteig
		vietato	verboten

Register

Aèr 129, 130, 133
Albergo Alpino 99, 102
Anze 81
Arco 27, 31
Assenza 66, 69

Bagnolo 103, 104
Baia delle Sirene 82, 83, 84
Baita Fos-Ce 51
Baiti di Ortigara 89
Baito delle Buse 92
Ballino 22
Bassa Via del Garda (BVG) 104, 106, 116, 133,143
Bezzuglio 116
Biazza 71, 76
Bocca del Creer 46, 50
Bocca di Navene 43, 45, 47
Bocca di Trat 13, 19, 20
Bocca di Val Marza 159
Bocca Paltrane 40, 43, 47, 57, 58
Bocca Tratto Spin 43, 47, 52, 57, 58
Bocchetta del Coàl Santo 59, 93
Bocchetta di Nàole 88
Bogliaco 119
Bosco 127, 128
Briano 125
Bucco del Gatto 110
Buse-Kar 92

Ca' di Natone 135, 137
Ca' Perotti 72
Ca' Vicari 76
Calvola 18
Campi 19
Campione 130
Campo 70, 72,74
Canale 16, 24
Capanna Grassi 19, 21
Cascata di Varone 26
Casina Denervo 125
Cassone 62, 63, 65, 70, 73, 74
Castel Penède 35
Castelletto 70, 75, 76

Ceniga 27
Cima Comèr 122
Cima delle Pozzette 52, 58
Cima di Mughera (Passo d'Ere) 128
Cima di Mughera (bei Limone) 147, 148
Cima di Tignalga 135, 137
Cima Tombea 151
Cima Valdritta 52, 54, 56, 58
Coi 78, 81
Col di Piombi 56
Colomber 107, 108, 110
Colonei di Pèsina 88
Colma di Malcèsine 43
Corna Piana 48, 50, 51
Corna Vecchia 141
Corne di Bes 48
Corno di Pichea 20
Corno Nero 139, 140
Costa dell'Anglone 27
Costabella 57, 61, 88, 91
Crero 78, 81
Creste di Nàole 87, 88

Daine 35, 36
Dalco 143
Denai 151

Etschklause 88

Fasano 115
Fazor 71
Fornare 78
Fornico 119, 120
Fort Nàole 88
Fossà 67, 69
Frapporta 25

Garda 82
Gàrdola 129
Gavazzo 25
Giro delle Malghe 98
Granei 65

Register

La Ca' 75
La Guardiola 55
Laghisoli 23
Lago di Tenno 22, 23
Le Ca' 75
Le Fornaci 127
Le Garde 118
Le Prese 33, 34
Limonaien 83, 145
Limone 142, 145, 150
Loncrino di sotto 81, 86
Lusetti 118

Madonna del Monte Castello 133, 134
Madonna del Rio 103
Madonna della Neve 98, 102
Maerni 111, 114
Magasa 151, 153
Maggenghi 66, 69
Maina 118
Malcèsine 56, 65
Malga Acquenere 102
Malga Alvezza 153
Malga Bes 49, 51
Malga Brione 68, 69
Malga Campiglio di Cima 111, 114
Malga Campo 40
Malga Dalco 144
Malga di Tenno 17
Malga Fassole 101
Malga Fiabio 62, 64
Malga Grasso 42
Malga Lavacchio 100
Malga Nalbò 159
Malga Pasna 50
Malga Pian delle Cenere 100
Malga Pra Alpesina 102
Malga Pra delle Noci 157, 160
Malga Pra Pià 158
Malga Pranzo 19, 21
Malga Stivo 33
Malga Tolghe 46
Malga Tombea 152
Malga Trattesoli 100
Malga Trembari 102
Malga Dossioli 102
Malga Valvaccara 92

Malga Zocchi 87
Malga Zovel 66, 67, 68
Marmitte dei Giganti 35, 36
Mazza di Pichea 20
Monte Altissimo di Nago 39, 40, 43, 47, 56
Monte Baldo 60, 89
Monte Biaìna 27, 29
Monte Brè 82, 84, 85
Monte Caplone 151, 152
Monte Carone 147, 149
Monte Castello di Gaino 119, 120
Monte Castello di Tignale 118, 130, 133
Monte Denervo 122, 125
Monte Luppia 82, 85
Monte Maderno 115
Monte Maggiore s. Punta Telègrafo
Monte Misone 16
Monte Pizzòcolo 107, 109, 111, 113
Monte Preals 144
Monte Pùria 135, 137
Monte Sparavero 87, 88
Monte Spino 107, 108, 109, 110
Monte Stivo 32
Monte Tremalzo 156
Monte Varagna 39, 42
Monte Zenone 139
Monticello 42

Naciole 28
Nago 35, 36, 39
Navazzo 119

Oldesio 134
Olzano 126, 129, 130, 133

Pai 75
Palazzo di Archesane 113
Passo Campione 95
Passo d'Ere 126, 128
Passo del Cerbiolo 101
Passo della Fobbiola 111
Passo di Scarpapè 136
Passo di Spino 108, 110
Passo di Tremalzo 156
Passo Guìl 148
Passo Nota 156, 159

163

Register

Pian delle Cenere 100
Pietra dei Cavalieri 84
Piombi 52
Pirle 76
Pontare 72
Porto di Brenzone 73
Prabione 133
Pralongo 87, 89
Prandine 79
Prati di Nago 39, 42
Punta della Brusa 140
Prato della Fame 134
Punta di Retello 128
Punta Molvina 160
Punta San Vigilio 82, 83, 84, 86
Punta Telègrafo 58, 91, 92, 95, 96
Pùria di Tignale 136

Ri 62
Rifugio Alpini 125
Rifugio Baita Segala Bonaventura 149
Rifugio Chièrego 59, 88, 93
Rifugio Damiano Chiesa 40, 47
Rifugio Fiori del Baldo 59, 88, 93
Rifugio Garda 159
Rifugio Graziani 46
Rifugio Guella 159
Rifugio Mondini 92, 93
Rifugio Monte Baldo 99, 102
Rifugio Nota 159
Rifugio Novezza 97
Rifugio Novezzina 95, 97
Rifugio Pernici 19, 20
Rifugio Pirlo allo Spino 108, 109, 110, 112
Rifugio Rest 153
Rifugio San Pietro 17
Rifugio Stivo Prospero Machetti 33
Rifugio Telègrafo 58, 92, 96
Riva 26
Rossone 78

Salò 103, 106
San Antonio Abate delle Pontare 72
San Bartolomeo 103, 105
San Giovanni 28
San Giuseppe 36

San Michele 56
San Michele (Kirche) 157, 160
San Valentino 48, 49, 51
San Valentino (Einsiedelei) 122, 123
San Zeno di Montagna 81
Sanico 115, 117
Sant'Antonio Abate 24
Santa Barbara 32, 34
Santa Maria di Làghel 31
Sarcatal 27
Sasso 122, 123, 125
Sella di Calino 17
Sella di Castiol 17
Sentiero degli Archetti 101
Sentiero dei Ladroni 111
Sentiero della Pace 12 f., 36, 37
Sentiero delle Vipere 49
Sentiero Montagnoli 106
Sommavilla 66, 69
Spiaz de Navesele 38
Spiaz della Giola 37
Spigolo della Bandiera 108, 110
SS. Benigno e Caro 62, 63, 65
Strada Graziani 97

Tenno 22, 25
Tofino 19, 20
Torbòle 35, 38
Torri del Benaco 78, 81, 86
Toscolano-Maderno 115, 118
Travèrsole-Kamm 138, 139, 140, 141

Val del Parol 40, 41
Val di Bondo 138, 139, 141
Val di Sur 107, 108, 110
Val Tregadone Grande 139, 141
Val Tregadone Piccola 141
Valdritta-Schafalm 55
Vallarga-Kar 61
Valle del Singòl 142, 143, 148, 150
Valle delle Cartiere 115, 118
Valle delle Mughere 136
Valle delle Pré 92
Valle di Campiglio 111
Valle Lobbia 107, 108
Valle Pra delle Noci 156
Valle Tignalga 135
Vallone Osanna 95

Valmagra 86
Valvestino 112, 153
Varone 22, 26
Vesio 138
Villa Guarienti 83, 86
Ville del Monte 16, 18

Zignago 73
Zuino 119

Bitte schreiben Sie uns, wenn sich etwas geändert hat!
Alle in diesem Buch enthaltenen Angaben wurden vom Autor nach bestem Wissen erstellt und von ihm und dem Verlag mit größtmöglicher Sorgfalt überprüft. Gleichwohl sind – wie wir im Sinne des Produkthaftungsrechts betonen müssen – inhaltliche Fehler nicht vollständig auszuschließen. Daher erfolgen die Angaben ohne jegliche Verpflichtung oder Garantie des Verlages oder des Autors. Beide übernehmen keinerlei Verantwortung und Haftung für etwaige inhaltliche Unstimmigkeiten. Wir bitten dafür um Verständnis und werden Korrekturhinweise gerne aufgreifen:
DuMont Reiseverlag, Postfach 31 51, 73751 Ostfildern
E-Mail: info@dumontreise.de

Für jeden Reisetyp

Wähle Sie aus mehr als 500 DuMont Reiseführern!

www.dumontreise.de

Weltweisend  REISEFÜHRER

DUMONT direkt

Informieren, inspirieren, navigieren

»DUMONT direkt« ist die Verbindung von Print- und Online-Informationen. Jeder Band enthält mehr als 100 geprüfte Internet-Links.
Mit Tourenplaner und Eventkalender. Die Orte und Adressen sind über Koordinaten mit der großen Karte vernetzt – schnelles Auffinden ist garantiert!

Weitere Informationen über die Reihe »DUMONT direkt« erhalten Sie überall wo es Bücher gibt oder unter
www.dumontreise.de

Abbildungsnachweis

Dietrich Höllhuber, Erlangen Titelbild, S. 1, 2, 8, 10, 12, 14, 18, 24/25, 26, 28/29, 31, 34, 38, 42, 46/47, 50/51, 60/61, 64, 67, 72/73, 80, 90, 94, 97, 100/101, 106, 110, 113, 114, 116, 120, 123, 129, 140/141, 145, 146, 148/149, 154, 157, 160
Barbara Schaefer, Berlin   S. 6, 132
Gisela Hüsch, Köln   S. 54/55
Hedda Eid/laif, Köln   S. 83

Karten und Höhenprofile: DuMont Reisekartografie, Puchheim;
© MAIRDUMONT, Ostfildern

Impressum

Titelbild: Abstieg vom Monte Baldo zum Gardasee

Über die Autoren: Dr. Dietrich Höllhuber, geb. 1943, studierte Geografie, Geschichte und Germanistik an der Universität Wien; 1970-1982 Forschung und Lehre an den Universitäten Wien, Bristol, Karlsruhe und Erlangen; seit 1983 freier Schriftsteller und Studienreiseleiter. Zahlreiche Publikationen, u.a. Reisebücher über Südeuropa, die Mittelmeerländer und die arabischen Staaten. Mehrere Sachbücher entstanden in Teamarbeit mit Wolfgang Kaul, darunter Reise- und Wanderführer für die Oberitalienischen Seen.

3., aktualisierte Auflage 2007
© DuMont Reiseverlag Ostfildern
Alle Rechte vorbehalten
Grafisches Konzept: Groschwitz, Hamburg
Druck: Rasch, Bramsche
Buchbinderische Verarbeitung: Bramscher Buchbinder Betriebe